간소한 생활

간소한 생활

샤를 와그너
박진희 옮김

호메로스

> 초판
> 서문

    고열에 시달리며 탈진으로 목이 바싹바싹 타들어가는 병자는, 시원한 개울에 풍덩 뛰어들거나 맑은 샘을 벌컥벌컥 들이마시는 꿈을 꾸는 법입니다. 마찬가지로, 현대생활의 복잡하고 불안정한 변화 속에 녹초가 된 우리의 영혼은 간소함을 꿈꿉니다.

    간소한 생활.

    이 아름다운 이름으로 불리는 것은 영원히 사라져 버린 보물일까요?

    나는 그렇게 생각하지 않습니다. 만약 '간소함'이 아주 희귀한 시대에만 있었던 무언가 예외적인 것이라면, 지금 다시 실현시키려는 일은 단념해야겠지요. 여러 문명을 그 기원으로 되돌릴 수는 없으니까요. 마치 탁한 물결이 이는 강을 오리나무 가지가지가 비치는 조용하고 작은 계곡으로 되돌릴 수 없듯이….

그러나 간소함이란 경제적·사회적 상황에 좌우되는 것이 아닙니다. 오히려 다양한 생활을 활기차게 변화시킬 수 있는 하나의 정신입니다.

간소함이란 또한 우리가 무력한 애석함으로 쫓아야 하는 것이 아닙니다. 간소함이란 우리가 결심하고, 목적으로 삼아 노력하면 실현할 수 있는 정신입니다.

간소한 생활을 동경하는 것은, '인간으로서 가장 고귀한 이상을 실현하고 싶다'라는 동경이기도 합니다.

지금까지 보다 많은 정의와 빛을 목표로 했던 인류의 모든 움직임은, 간소한 생활을 향한 움직임이었다고 말할 수 있겠지요. 예술이며 풍습, 사상에서 볼 수 있는 고대인의 간소함은 그 무엇과도 비교할 수 없는 가치를 지닙니다. 거기에서부터 인간의 본질적 감정이나 영원히 변하지 않는 진리가 뚜렷이 각인되었기 때문이지요.

우리는 이런 간소함을 사랑하고 지켜 나가도록 노력해야 합니다. 그러나 외면적인 형태에만 치중하고 정신을 실현하고자 노력하지 않는 사람은, 간소함의 길을 100분의 1도 나아가지 않았다고 할 수 있겠지요.

우리가 선조와 같은 형태의 간소함을 가질 수는 없습니다. 그래도 예전과 같은 정신으로 간소할 수는 있으며, 간소해질 수 있습니다. 우리는 선조와 다른 샛길을 가고 있지만, 인간으로서의 궁극적 목적은 변하지 않았습니다. 범선에 타고 있든 증기선에 타고 있든, 배를 이끄는 것은 언제나 북극성이기 때문입니다.

각자가 자기에게 맞는 방법으로 이 목적을 향해 걸어가는 것. 이것이야말로 예나 지금이나 변함없이 가장 중요한 일입니다. 거기에서 떨어져 나온 탓에 우리는 자기의 인생을 복잡하게 만들어 버린 겁니다.

인간 내면의 간소함.
이 생각을 독자에게도 품게 할 수 있다면, 내 노력도 쓸데없는 짓은 아니겠지요.

이 세상에는 너무도 많은 '복잡하고 쓸데 없는 것'이 자리를 넓히고 있습니다. 그 결과, 마음을 따뜻하고 생기 있게 해주어야 할 '진리', '정의', '선의'로부터 우리는 멀어지고 말았습니다.

복잡하고 쓸데없는 것으로 이루어진 가시덤불은 "당신과 당신의 행복을 지킵니다!"라는 달콤한 말로 우리를 유혹합니다. 그러나 이 가시덤불에 들어가면 빛은 차단됩니다.

가시덤불은 복잡한 생활에의 유혹입니다. 그 유혹에 빠지는 순간 우리에게 남은 건 실망뿐입니다.

우리는 언제쯤이나 사람의 눈을 속이는 온갖 유혹에게 "거기 좀 비켜주게나, 해가 들진 않는군"이라는, 옛 현자의 답을 흉내 낼 용기를 갖게 될까요?

1895년 5월 파리에서
샤를 와그너

차례

초판 서문 ··· 3

1 복잡한 생활 ·················· 15

돈이 많을수록 필요한 것이 늘어난다 · 18
물질적 풍요가 늘어날수록 '행복해지는 법'을 잃는다 · 22
자유란 '마음의 규범'을 따르는 것 · 26
좋은 램프란 밝게 비추는 램프 · 28

2 간소한 정신 ·················· 31

'진짜 간소함'과 '가짜 간소함'을 혼동하지 말자 · 33
내가 받은 재료로 무엇을 만들까 · 35
'마음의 규범'으로 습관이 바뀐다 · 37

3   간소한 생각 · · · · · · · · · · · · · · · · · · 41

자신에 대하여 너무 생각하지 않기 · 43

양식이란 인류의 재산 · 44

생각만으로 멈추지 않기 · 47

사람은 빵이 아니라 자신감으로 산다 · 49

핑계보다는 희망을 택한다 · 51

'선량함'이라는 힘 · 55

4   간소한 말 · 59

정보가 많을수록 이해하기 어려워진다 · 60

신문을 읽을수록 의문이 깊어진다 · 62

말을 조작할수록 신뢰가 떨어진다 · 64

중요한 일일수록 간결하게 표현한다 · 67

쓸데없는 이야기로 힘을 다 써버리지 않는다 · 69

과장된 표현을 피한다 · 70

인기란 모든 사람을 하나로 묶는 힘 · 72

5   단순한 의무 ·················· 75

작은 선의를 발휘하다 · 76
최악의 상황일수록 차림새를 단정히 · 79
신변의 의무 수행이 최우선 · 82
범인을 잡기보다 문제 해결이 우선 · 85
애정이라는 힘을 따른다 · 87

6   간소한 욕구 ·················· 91

살기 위해 필요한 최소한이란 무얼까? · 92
불만을 말하는 사람은 만족한 적이 있는 사람 · 96
욕구의 노예가 되지는 않았은가 · 98
불필요한 사치로 무디어지는 마음 · 101
미래에 부채를 지우고 있지는 않은가 · 103

7   간소한 즐거움 ················ 107

기쁨은 자기 안에 있다 · 109
행복해지는 능력을 연마하다 · 110
잃어가는 소박한 기쁨 · 114
사람을 즐겁게 하는 비결 · 116
슬픔 속에 즐거움을 넣다 · 119
즐거움을 위해 돈은 필요 없다 · 123

8   돈과 간소함 ·················· 127

인생은 돈으로 복잡해진다 · 129
모래알 같은 일인가, 씨와 같은 일인가 · 132
세상을 지탱하는 건 계산 없는 행동 · 134
돈벌이에 얽힌 거짓말 · 137
수입=능력이 아니다 · 139
중요한 것에는 가격이 붙지 않는다 · 142

9   명성과 간소함 ················ 145

유명해지고 싶다는 열병 · 147
가장 좋은 것은 자신의 마음속에 있다 · 149
자신의 일을 담담하게 계속해 나간다 · 151
선이 숨어 있는 장소 · 153
드러나지 않아도 선은 존재한다 · 156
남모르는 '선한 존재'가 되다 · 159

10 　　간소한 가정 ·················· 163

개성은 가정에서 키울 수 있다 · 165
집을 '임시 거처'로 만들고 있지 않은가 · 167
가정의 전통을 다시 배우다 · 171
방에서도 사랑과 영혼이 잠든다 · 173

11 　　간소한 아름다움 ··············· 179

일상생활에 인생의 아름다움이 있다 · 180
가장 아름다운 것은 자기다운 꾸밈 · 181
정성을 다한 집안일은 예술이 된다 · 186

12 　　간소한 사회 ·················· 189

서로를 비교하는 난감한 풍조 · 191
부를 어떻게 소유할지 배운다 · 193
남에게 하는 명령은 스스로에게 하는 명령 · 196
오만함이 인간관계의 틈을 만든다 · 200
지식도 권력도 '맡겨진 것'으로 여긴다 · 202
'보다 좋은 사람'이 된다는 구별 · 204

13 간소함을 위한 교육 ············ 207

부모를 위해 아이를 키우는 단점 · 208
아이를 위해 아이를 키우는 단점 · 211
'아이의 인생'을 위해 아이를 키운다 · 213
존경의 마음을 행동으로 가르치다 · 218
어울리지 않는 사치를 권하지 않는다 · 221
간소한 교육이 자유로운 인간을 만든다 · 223
솔직한 용기를 키운다 · 226

결론 ··· 229

옮긴이의 말 ··· 236

1

복잡한 생활

요즘 브랑샤르 가는 온통 정신이 없습니다. 그도 그럴 것이, 화요일이 딸 이본느의 결혼식인데 오늘이 벌써 금요일이기 때문입니다.

선물을 들고 온 방문객들과 주문한 물건을 가득 안은 배달부들로 북적이는 통에 고용인들은 녹초가 되었습니다. 부모님과 예비부부도 상황은 마찬가지입니다. 집안에서 잠시도 가만히 있을 수 없으니까요.

낮에는 양장점, 양복점, 귀금속점, 가구점, 인테리어 사무실에 미술 갤러리까지 가야 합니다. 게다가 사무실에서 사무실로 분주하게 뛰어다니며, 잔뜩 쌓아 올린 종이 더미 속에서 서류를 작성하는 직원을 바라보며 자기 순서를 기다려야 합니다.

지루한 기다림이 일단락되면, 각자 자기 집으로 서둘러 돌아가 의례적인 만찬을 위해 옷을 갈아입습니다. 약혼식 만찬, 결혼 계약의 만찬, 저녁 사교모임, 무도회와 같은 것들에 참석해야 하니까요.

한밤중에 녹초가 되어 집에 돌아오면, 도착한 물건들과 산처럼 쌓인 편지들이 기다리고 있습니다. 축하 편지에 인사 편지, 들러리를 부탁했던 이들에게 온 거절 편지, 늦게 도착한 주문품에 대한 사장의 사과 편지 같은 것들입니다. 마지막 순간에 나타난 장애물도 있습니다. 갑자기 누군가의 장례로 인해 혼례의 참석자 서열이 바뀐다든가, 축가를 불러 주기로 한 친구가 감기에 걸려 노래를 부를 수 없게 되었다든가 하는, 전혀 예측할 수 없었던 일들 말입니다. 이렇게 되면 처음부터 다시 준비해야 합니다.

불쌍한 브랑샤르 가 사람들! 모든 걸 파악하고 예견했을 터인데도, 이들의 준비는 언제까지고 끝날 기미가 보이지 않습니다.

결국 얼마나 더 이 같은 생활이 계속될지 모릅니다. 숨을 쉴 새도 없이, 한시도 마음 놓을 겨를 없이, 조용한 말 한마디 나눌 시간 없이 말입니다. 이것은 생활이 아닙니다.

다행스럽게도 할머니의 방이 있습니다! 곧 여든 살이 되시는 할머니는 수많은 고난을 딛고 살아오신 분입니다. 덕분에 높은 지성과 따뜻한 마음을 가진 이들이 인생에서 터득한 차분함으로 사물을 바르게 보는 눈을 지니셨지요.

할머니는 대부분 안락의자에 앉아 계시는데, 조용히 몽상하는 걸 아주 좋아하십니다. 그래서 집안 전체를 휩쓸고 다니는 폭풍도 할머니의 방문 앞에서는 공손히 숨을 멈춥니다. 사람들 또한 별채의 문턱을 넘어서면 목소리도 낮추고 발걸음도 죽입니다.

그래서 가끔 예비부부는 이 폭풍 같은 어수선함을 피해 할머니 방으로 도망쳐 옵니다. 그러면 할머니는 손녀를 안아주며 말씀하십니다.

"가여운 내 아가들! 왜 그렇게 안절부절못하는 게냐! 좀 쉬면서 둘이 함께 있으면 좋으련만. 그게 소중한 거란다. 다른 일들은 별거 아니야, 정신을 빼앗길 만한 일이 아니란다."

예비부부도 그 사실을 뼈저리게 느끼고 있습니다.

요 몇 주일간 두 사람은 갖가지 관습이며 무리한 요구, 무익한 일들을 위해 자신들의 사랑을 희생해 왔으니까요. 유일하게 본질적인 것은 마음에서 미뤄놓고, 불행히도 수많은 부수적인 존재에 휘둘려 고통받고 있습니다. 그들 생애의 가장 결정적인 바로 이 순간에 말이죠.

그러니 할머니의 다정한 손길과 걱정 어린 미소에 절로 고개가 끄덕여졌지요.

"아가들아, 정말이지… 이 세상은 너무도 복잡해졌구나. 그래서 사람들이 행복해진 것도 아니니… 아니, 오히려 그 반대지!"

돈이 많을수록 필요한 것이 늘어난다

나도 이 멋진 할머니의 의견에 전적으로 동의합니다.

요람에서 무덤까지, 현대인은 수없이 복잡한 것들 안에서 버둥거리고 있습니다. 복잡한 욕구, 복잡한 즐거움, 세상과 '나'를 파악하는 방법까지도 복잡합니다.

생각하는 것도, 행동하는 것도, 즐기는 것도, 심지어 죽는 것까지도… 결국 무엇 하나 간소한 것이 없지요. **우리는 스스로 인생을 복잡한 문제투성이로 만들어 즐거움을 없앱니다.**

겉모습에 치중한 복잡한 생활 탓에 그 후유증을 호소하는 사람이 많습니다. 그래서 나는 그 생각을 언어로 표현하여, 그저 '모든 게 다 복잡하다'라며 한숨짓는 사람들을 어떻게든 위로하고 싶은 겁니다.

먼저, 알아두어야 할 진실이 부각될 수 있도록 몇 가지 사실을 이야기해 봅시다.

생활의 복잡함은 우리의 물질적 욕구 속에서 드러납니다.

오늘날에는 '**돈이 많을수록 필요한 것도 늘어난다**'라는 현상이 퍼지고 있습니다. 물론 욕구 자체가 나쁜 건 아닙니다. 필요함에 의한 욕구가 진보를 만든다고 할 수도 있으니까요.

'청결하고 건강한 집에서 살고 싶다.'

'영양을 고려한 식사를 하고 싶다.'

'교양을 쌓고 싶다.'

이런 욕구를 느끼는 것은 사람으로서 우수하다는 증거입니다.

다만 명심해야 할 것은, 삶의 당연한 권리인 '바람직한 욕구'도 있지만, 기생충처럼 우리에게 큰 희생을 강요하는 '해로운 욕구'도 있다는 사실입니다. 이 해로운 욕구는 남에게 잘난 체하려는 성질이 있어서 번거로운 일을 만듭니다.

우리의 선조에게 '인류는 현재의 물질생활을 유지하고 지키기 위해 자유로이 사용하는 도구를 가지게 될 것'이라고 예언할 수 있다면 어땠을까요?

선조들은 분명 '인간이 더 자립적이고, 더 행복해지겠지. 삶에 필요한 것을 구하기 위해 경쟁할 필요도 없어질 테고.'라며 행복한 상상을 하겠지요. 삶에 도움이 되는 수단이 점점 개량된 결과, 생활은 단순해지고 누구나 높은 덕을 지니게 될 거라고 믿어 의심치 않을 겁니다.

그러나 현실은 어떤가요? 행복도, 사회 평화도, 선행을 위한 에너지도… 무엇 하나 나아진 것이 없습니다.

자, 주위를 둘러보세요. 현대인들이 옛 선조보다 삶에 만족하고 있으며, 내일이라는 미래를 한층 더 확신하고 있는 것처럼 보입니까? 나는 존재 이유를 문제 삼는 게 아닙니다. 실제로 현대인들이 그렇게 보이는지 묻고 싶을 뿐입니다.

나는 그들 대부분이 자신의 처지에 불만을 품고, 무엇보다 물질적 욕구에 아등바등하며, 미래에 대한 걱정에 사로잡힌 듯 보입니다. 옛날보다 좋은 것을 먹고 좋은 것을 입으며 좋은 집에서 살게 되지 않았다면, 식사나 주거 문제가 이처럼 큰 문제가 될 일도, 최우선 사항이 될 일도 없었을 겁니다.

"뭘 먹을까? 뭘 마실까? 뭘 입을까?"

내일 먹을거리나 잘 곳을 걱정해야 하는 가난한 사람들만이 이런 생각을 한다는 건 크나큰 오해입니다. 가난한 사람들이 의식주를 걱정하는 건 사실이지만, 그건 아주 단순한 문제에 지나지 않으니까요.

자신이 소유한 것에 대한 만족감은, 갖지 못한 것에의 집착으로 어지럽혀집니다.

생활이 사치스러워질수록 장래의 물질적 불안은 커집니다. 그런 현실을 알기 위해서는 안정적으로 생활하는 사람, 특히 부유한 사람들을 보면 됩니다.

드레스가 한 벌밖에 없다면 '내일 뭘 입지?' 하고 고민할 일도 없을 테지요. 당장 필요한 최소한의 식량밖에 없다면 내일 메뉴를 걱정하지 않습니다. 즉, **욕구가 만족감의 허들을 높인다는 법칙이 성립됩니다.** 그러면 당연히 돈을 가질수록 돈이 필요해집니다.

내일이 보증된 사람일수록 돈 걱정에 잠 못 듭니다. 자기뿐 아니라 자식, 그 자식의 자식까지 어떻게 재산을 남겨 주어야 할지 고뇌에 빠집니다. 재물을 가진 자의 불안과 그 정도나 범위가 어느 정도인지, 그 미묘한 뉘앙스를 말로 표현할 수 없겠지요.

물질적 풍요가 늘어날수록 '행복해지는 힘'을 잃는다

생활환경에 따라 다르겠지만, 지금은 어떤 사회 계층에서도 동요動搖나 복잡한 정신 상태가 퍼지고 있습니다. 그 모습이 마치 만족한 것 같다가도 바로 불만을 늘어놓는 어리광쟁이 꼬마와도 같습니다.

우리 인간은 '나는 전보다 행복하다'라고 느끼지 않는 한, **평화롭게 잘 지내지 못합니다.**

오냐오냐 자란 아이들이 자주 격렬하게 싸우는 것과 마찬가지입니다. 욕구와 욕망이 클수록 주변과 싸울 기회가 많고, 그런 종류의 싸움은 이유가 정당하지 않은 만큼 집념이 깊은 법입니다.

먹을거리나 필수품을 위해 싸우는 것은, 이른바 자연의 법칙입니다. 일순 잔혹한 싸움으로 비칠지 몰라도, 그 잔혹함은 어쩔 수 없는 일이며, 보통은 단순한 잔혹함에 머뭅니다.

그러나 쓸데없는 일이나 야심, 특권, 변덕, 육체적인 향락을 위한 싸움이라면 이야기는 달라집니다. 인간은 굶주림만으로 비열한 행위를 하지는 않습니다. 하지만 야심이나 탐욕, 부도덕한 쾌락에 대한 갈망은 우리를 비열하게 만듭니다. 이기주의는 세련될수록 해롭습니다. 결국 동료들 사이의 적개심이 점점 심해진 탓에 우리 마음은 쉴 곳을 잃었습니다.

인간은 과연 예전에 비해서 '좋은 사람'이 되었을까요?

'선'의 근원은 자기 밖에 있는 무언가를 사랑하는 인간의 능력

이 아니던가요?

물질적인 집착이나 과한 욕구, 야심, 원한, 망상을 만족시키기 위한 인생에 주변을 위한 여지가 남아 있을까요?

탐욕만을 추구하면 탐욕은 점점 커져서 결국 제어할 수 없어집니다. 탐욕의 노예가 된 나머지 도덕도 에너지도 잃어, 선을 구별하고 실행하는 능력을 잃게 됩니다. 마음속이 무질서한 상태가 되어, 결국에는 겉모습마저 형편없어집니다.

'도덕적 생활'이란 자신을 컨트롤하는 것이며, 반대로 '도덕이 결핍된 생활'이란 욕구나 정념에 지배당하는 상태를 말합니다.

욕구의 노예가 된 사람에게는, 소유가 무엇보다 뛰어난 선이며, 모든 선의 근원입니다. 그런 사람은 격렬한 경쟁 속에 무언가 소유한 사람을 미워하고, 소유권이 남의 손에 있을 때는 그 권리를 부정하려고 합니다. 하지만 타인의 소유권을 공격하는 것이야말로, 그 사람이 소유물을 간절히 원하고 있다는 증거겠지요.

욕구에 사로잡힌 세계에서는, 물건도 인간도 결국에는 그 상품 가치, 즉 '얼마나 이익을 낼 수 있을까'에 의해 평가됩니다. 아무것도 가져다주지 않으면 아무런 가치도 없고, 아무것도 소유하지 않은 사람은 아무것도 아니게 됩니다. 빈곤은 부끄러운 것으로 여겨지고, 돈은 아무리 더러운 짓으로 모았더라도 가치 있는 것으로 여겨집니다.

이렇게 말하면 "당신은 진보를 부정하고, 예전 선한 시대의 금욕주의로 돌아가야 한다고 주장하는 겁니까?"라고 반격하는 사람이 있을지 모르겠군요. 아니, 내가 말하고 싶은 건 결코 그런 것이 아닙니다.

과거를 거슬러 올라가는 건, 가장 쓸데없고 가장 위험한 환상에 지나지 않습니다. 선한 인생을 사는 비결은 인생에서 물러나는 것이 아닙니다.

우리는 사회의 진보를 막는 그릇된 생각에 빛을 비추어 개선책을 찾아내야 합니다. 그 그릇된 생각이란 '인간은 외적인 충족감이 늘어나면 보다 행복해지고, 보다 선해진다'입니다.

인간은 물질적 풍요로움이 늘어날수록 행복해지는 능력과 품위가 떨어진다는 사실이 수많은 예로 증명되었습니다.

문명의 가치는, 그 중심에 있는 인간의 가치로 결정됩니다. 인간이 도덕적 방향성을 잃으면, 어떠한 진보라도 우리 사이에 만연해 있는 병을 악화시켜 사회 문제를 한층 복잡하게 만듭니다.

자유란 '마음의 규범'을 따르는 것

다음으로, 교육과 자유에 대하여 생각해 봅시다.

그 옛날 예언자들은 "악의 땅을 신의 나라로 변화시키기 위해서는, 서로 동맹을 맺은 세 개의 힘을 무너뜨리면 된다."라고 말했습니다. 세 개의 힘이란 빈곤과 무지와 횡포입니다.

분명 빈곤은 줄었지만, 인간은 이전보다 더 행복해지지도, 더 좋은 사람이 되지도 않았습니다.

그렇다면 온갖 배려로 행해진 교육으로 행복해지고 선해졌을까요? 딱히 그런 것 같지는 않군요. 교육에 종사하는 사람이 걱정하는 것 또한 이런 점입니다. 그렇다고 교육 따위 그만두고 학교를 폐쇄하자는 말이 아닙니다. 문명의 원동력이 되는 모든 것이 그렇듯, 교육도 결국에는 하나의 도구에 지나지 않습니다. 모든 것은 어떻게 사용하느냐에 달려 있지요.

자유도 마찬가지입니다. 자유는 이용 방법에 따라 해가 되기도 되고, 도움이 되기도 합니다. 그런데 과연 자유는 악인들의 손아귀에 있든, 난폭하고 변덕스러운 이의 손아귀에 있든, '자유'인 채로 있을 수 있을까요? 원래 자유란, 고등한 생물의 내면이 천천히 성장해 감에 따라 빚어내는 '탁월한 삶의 분위기'입니다.

어떤 생물에게도 규범은 필요합니다. 인간에게는 하등 생물보다 한층 더 규범이 필요합니다. 인간 사회는 식물이나 동물 사회보다 귀중하고 섬세하니까요.

자기 마음속 규범을 자각하고 소중히 여기는 사람은 그 규범을 따릅니다. 그러면 자유롭게 살아가는데 어울리는 존재가 됩니다. 마음속에 숭고하고 흔들리지 않는 규범을 가지고 있지 않는 한, 자유의 공기를 들이마실 수 없습니다. 자유의 공기는 때로 인간을 취하게 하고, 동요시키기도 하며, 정신적으로 죽일 수도 있기 때문입니다.

자기 마음의 규범을 따르면, 더 이상 권위를 휘두르는 외적 규범 아래서는 살 수 없게 됩니다. 성장한 새가 알껍데기 속에 갇힌 채 있을 수 없는 것과 같습니다. 한편, 알 속의 병아리가 알껍데기로 보호받지 않으면 살 수 없듯이 스스로 본인을 지배할 수 없는 사람은 자유 아래서 살아갈 수 없습니다. 이는 아주 단순한 원칙으로, 예나 지금이나 변하지 않는 진리입니다.

마음의 규범이 없으면 스스로 본인을 지배할 수 없습니다. 하지만 이 진리를 제대로 이해하는 사람이 얼마나 될까요?

자유란 존경입니다. 자유란 마음속 규범을 따르는 일입니다. 그 규범은 권력자들의 즐거움도 아니거니와 군중의 변덕도 아닙니다. 나라의 지도자마저도 그 앞에서는 머리를 숙여야 하는 훌륭한 룰입니다.

그렇다면 본질이 오염되었으니 자유는 없어져야 하는 걸까요? 그렇지 않습니다. 다만 의미 있는 자유, 가치 있는 자유여야 합니다. 그렇지 않으면 인간은 사회생활을 할 수 없게 되고, 법률이 없는 탓에 제멋대로 행동하여 나라 전체가 선동정치의 카오스에 떨어지고 말 테니까요.

좋은 램프란 밝게 비추는 램프

우리의 생활을 어지럽히고 복잡하게 만드는 요인 하나하나에 이름을 붙여 나열한다면, 아마도 긴 리스트가 되겠지요. 그러나 전부를 단 하나의 원인으로 집약할 수 있습니다. 그것은 '**본질적인 것과 부수적인 것이 섞여 있다**'란 겁니다.

충족감도 교육도 자유도, 즉 '문명'이라고 불리는 것은 전부 그림을 장식하는 액자와 같습니다. 수도사가 수도복을 만들지 않고 병사가 군복을 만들지 않는 것처럼, 액자가 그림을 만들 리 만무합니다. 여기서 말하는 '그림'이란, 의식과 성격, 의지를 가진 인간을 의미합니다.

액자를 손질하며 아름답게 꾸미는 사이 그만 그림에 대한 건 잊고 소홀히 하며, 때론 상처 입히기도 합니다. 따라서 표면적으로는 풍요로워도 정신생활은 참담한 것입니다. 실제로는 없어도 되는 물건을 잔뜩 가지고 있으면서 유일하게 필요한 것을 가지지 않은 탓에 우리는 한없이 가난합니다. 즉 '나'라는 깊은 존재가 눈을 떠 '사랑하고 싶다', '소원을 이루고 싶다', '운명을 실현하고 싶다'라는 욕구가 샘솟았다 해도 생매장당한 듯한 불안에 숨이 막힙니다. '나' 위에 그다지 의미 없는 것들만 쏟아져 쌓이고 쌓여, 결국에는 공기와 빛마저 빼앗겨 질식하고 맙니다.

참된 삶을 구원하고 해방하여 명예로운 것으로 거듭나고, 모든 것을 제자리에 돌려놓아야 합니다. 인간 진보의 중심은 도덕적 교양에 있다는 사실을 떠올립시다.

어떤 게 좋은 램프일까요? 호화로운 장식이 있는 램프도, 공들인 조각이 새겨진 램프도, 고가의 금속으로 만들어진 램프도 아닙니다. 좋은 램프란 밝게 비추는 램프입니다.

마찬가지로, 재산의 정도나 쾌락의 수, 예술적 교양, 명예, 자립성 따위가 인간을 만드는 게 아닙니다. **정신적인 강인함이 인간을 만듭니다.** 이는 현대뿐 아니라 모든 시대를 관통한 진리입니다.

지식이나 기술로 아무리 겉모습이 세련되어졌다 한들, 어떤 시대라도 인간은 내면의 고민으로부터 달아날 수 없습니다.

세상의 모습은 변합니다. 살아가기 위한 지적 조건이나 생리적 조건이 휙휙 변하고 있습니다. 변화의 급격함은 때로 위험할 정도지만, 누구 한 사람 그 변화를 거스를 수 없습니다.

중요한 것은, 변해 가는 상황에서도 인간다움을 잃지 않고 최선을 다해 살며, 목표를 향해 멈추지 않고 계속 걷는 일입니다.

어떤 길이든 목적을 향해 걷기 위해서는, 샛길로 빠져 길을 잃거나 필요 없는 짐에 애를 먹어서도 안 됩니다. 본인의 방향, 본인의 힘, 본인의 명예에 주의를 기울이며 전진하기 위해서는, 어느 정도의 희생을 치르더라도 짐을 간소하게 만들어야 합니다.

2

간소한 정신

우리가 간절히 바라는 '간소함'으로 돌아가려면 어찌해야 할까요?

그 설명 전에, 간소함의 원리 자체를 정의해 봅시다. 여기에도 앞서 이야기한 바와 같이 그릇된 생각이 있기 때문입니다. 즉 '본질적인 것'과 '부수적인 것', 바꾸어 말하면 '기초'와 '형태'를 혼동하고 있다는 점입니다.

간소함에는 밖에서 보이는 몇 가지 특징이 있습니다. 그리하여 누구나가 그 특징으로 간소함의 존재 여부를 결정짓습니다. 간소함과 간소하게 보이는 상태는 같지 않습니다. 소박한 옷차림, 호화롭지 않은 집, 평범함, 가난…. 이런 것들이 전부 함께하는 듯 보이겠지만, 그렇지 않습니다.

가령, 길에서 세 명의 남자를 만났다고 합시다. 한 사람은 차에 타고 있고, 한 사람은 구두를 신었고, 한 사람은 맨발입니다.

"이 가운데 가장 간소하게 살고 있는 사람은 누구일까?"

정답을 꼭 '맨발의 남자'라고 단정 지을 수는 없습니다.

차에 타고 있던 사람은 가장 사치스러운 환경이긴 하지만 간소함을 중시하고, 부유하지만 부의 노예가 아닐 수 있습니다.

마찬가지로 구두를 신고 있던 사람은, 차에 탄 이를 부러워하지도 않고 맨발로 서 있는 이를 경멸하지도 않을 수 있습니다.

오히려 누더기를 걸치고 발이 먼저투성이라고 해도, 맨발의 사내는 간소한 생활이나 노동, 절도를 증오하고, 안이한 생활과 향락, 무위를 꿈꾸고 있을 수 있기 때문입니다.

'진짜 간소함'과 '가짜 간소함'을 혼동하지 말자

구걸만으로 사는 이, 사기꾼, 얹혀사는 이, 아첨하거나 시샘하는 무리는 간소한 삶과 가장 먼 사람들입니다. 그런 사람들은 이 세상에서 행복한 사람들이 손에 넣은 몫을 나눠 갖고 싶어 하는데, 상대방보다는 자기 몫이 더 크길 원합니다.

또한 어떤 환경에서 살아가더라도 야심가, 교활한 자, 연약한 이, 구두쇠, 오만한 자, 거드름쟁이 등도 감소함과는 거리가 먼 인간으로 분류됩니다.

겉모습이 아니라 그 사람의 마음을 보지 않는 한 아무것도 알수 없습니다. 가난한 계층에 속해 있다고 간소함이라는 특권을 가질 수 있는 게 아니라는 뜻입니다.

옷차림이 아무리 장식 없이 간소하다고 해도, 그 사람이 간소하다는 확실한 징표는 되지 않습니다.

간소함이 존재하는 장소 또한 반드시 소박한 다락방은 아닙니다. 오두막집도, 고행자의 밀실도, 가난한 어부의 배도 아닙니다.

어떤 라이프 스타일든, 어떤 사회적 지위든, 신분이 높든 낮든, 간소한 사람과 그렇지 않은 사람이 있을 뿐입니다.

물론 감소함에도 밖에서 보이는 특징이 전혀 없는 것은 아닙니다. 특별한 행동이나 취미, 습관이 있기는 합니다. 단, 기분 내키면 누구나가 흉내 낼 수 있는 '가짜 간소함'과 간소함의 본질이나 깊은 근원을 혼동해서는 안 됩니다. 간소함의 근원은 완전히 인간의 내면에 있기 때문입니다.

간소함이란 우리 행동의 동기가 되는 의지 속에 존재합니다. 간소함이란 마음의 상태입니다. 스스로 인간다운 모습이 되고자 할 때, 즉 명백한 인간이고자 할 때, 그는 간소한 사람입니다. 간소해진다는 건 상상하는 만큼 간단하지도 않지만, 결코 불가능한 일도 아닙니다.

간소해진다는 건, 자기의 바람이나 행동을 자기 마음의 규범

과 일치시키는 것입니다.

그리고 '이런 인간으로 존재하길 바란다'라는 신의 영원한 의도와 본인의 삶을 일치시키는 것입니다. 꽃은 꽃, 제비는 제비, 바위는 바위, 인간은 인간입니다. 여우도, 토끼도, 독수리도, 돼지도 아닙니다.

내가 받은 재료로 무엇을 만들까

이렇게 생각하니, 인간의 이상적 모습이 어떤지 보이시지요. 모든 생물은 그 실체와 힘이 묶여 하나의 목적을 향합니다. 이른바 조잡했던 재료가 멋진 물건으로 가공되는 겁니다. 인간도 마찬가지입니다.

인간의 존재도 재료와 같습니다. 재료 그 자체보다 무엇을 만들어내는지가 훨씬 중요합니다. 예술 작품과 마찬가지로, 작가가 거기에 무엇을 그렸는가로 평가되어야 합니다.

우리는 여러 가지 재료를 부여받고 태어납니다. 어떤 이는 황금을, 어떤 이는 화강암을, 어떤 이는 대리석을, 그리고 대부분의 사람은 목재나 점토를 부여받습니다. 우리의 임무는 그들 원료를 가공하는 것입니다.

태어나면서부터 받은 귀중한 재료를 엉망으로 만들 수도 있지만, 반대로 가치 없는 재료에서 불멸의 작품을 만들어낼 수도 있습니다.

예술이란 '영원히 변하지 않는 이데아'를 '찰나의 형태'로 표현하는 것이라고 정의할 수 있습니다. 그리고 참된 삶이란 일상 활동 속에 '정의', '애정', '진리', '자유', '정신적 에너지'라는 수준 높은 보물을 만들어내는 것입니다. 어디에서든, 겉모습의 형태가 어떻든 말입니다.

어떤 사회적 상황에서든, 태생적 재능이 무엇이든, 누구라도 참된 삶을 실현할 수 있습니다. 인생의 가치를 만들어내는 것은, 개인적인 특권이나 재산이 아니라 '거기에서 이끌어낼 수 있는 무엇'입니다.

찰나의 빛남 따위 '인생의 길이'와 마찬가지로 대단한 의미도 없습니다. 중요한 것은 '인생의 질'입니다. 이러한 경지에 도달하기 위해서는 노력과 투쟁이 필요합니다.

간소한 정신은 물려받은 재산에서 생겨나는 게 아니라 근면함이 쌓인 결과입니다. 잘 산다는 건, 바르게 생각하고 간소하게 살아가는 것입니다.

'마음의 규범'으로 습관이 바뀐다

과학이란 여러 사례를 모으고, 거기에서 몇 가지 법칙을 끌어냄으로써 성립합니다. 몇 세기에 걸쳐 연구가 지속되고 아무리 많은 시행착오가 반복된다 해도 대부분은 단 한 행의 법칙으로 요약됩니다. 이 점은 도덕적 생활도 같습니다.

도덕적인 생활 또한 혼돈에서 시작하여, 시행착오를 거치며 자기 자신을 탐구하고 가끔은 잘못도 저지릅니다. 그래도 필사적으로 나아가 자기 행동을 진지하게 다시 살펴봄으로써 인생을 보다 확실히 이해할 수 있게 됩니다. 그것이 바로 규범입니다. '자기 사명을 다한다'라는 규범입니다.

이 규범 외의 것에 마음을 빼앗기면, 우리는 존재 이유를 잃습니다. 에고이스트, 향락주의자, 야심가가 되어버립니다. 아직 이삭도 나지 않은 보리를 먹는 것처럼 자기 존재를 거덜내는 겁니다. 물론 거기에 열매는 맺지 않지요.

이러한 삶은 '잃어버린 삶'이라고 해도 좋겠지요. 반대로 '선'을 위해 인생을 바치는 사람은 자신의 인생을 구할 수 있습니다.

도덕적인 가르침은, 겉모습만 보는 사람 눈에는 독단적으로 보이고 정열적인 삶을 방해하는 것처럼 비칠 수 있습니다. 도덕은 단 하나의 목적만을 가집니다.

'무익한 삶으로부터 우리를 지킨다.'

이것이 도덕의 목적입니다. 따라서 도덕은 우리를 항상 같은 방향으로 끌어줍니다. 도덕이란 인생을 낭비하지 않고 풍성한 열매를 맺도록 돕는 안내자이며, 인생의 길에서 헤매지 않도록 돕는 길잡이입니다.

인류가 지금까지 경험해 온 목적도 이와 같습니다. 누구나 자신을 위해 같은 경험을 반복해야 하지만, 비싼 대가가 치를수록 경험은 귀중한 것이 됩니다. 경험에 비춰봄으로써 도덕적으로 확실한 어프로치가 가능해지고, 자기 방향을 결정하는 원리 원칙이 되는 '마음의 규범'을 갖게 됩니다. 불안정하고 복잡했던 사람이라도 간소해지는 겁니다.

'마음의 규범'이 점점 커다란 의미를 지니고 매일의 생활 속에서 검증되면, 그 사람의 판단과 습관에 변화가 일어납니다.

참된 삶의 아름다움과 위대함, 진리·정의·선의를 위한 인류의 투쟁에 성스러움과 감동적인 무언가에 일단 마음을 빼앗기면, 그 매력은 줄곧 마음에서 떠나지 않습니다. 게다가 그 매력은 오래 지속되기 때문에 필연적으로 모든 것을 그 방향으로 이끕니다. 마음속에 권력과 힘의 서열이 만들어집니다. 본질적인 것이 명령을 내리고, 부수적인 것이 따르지요. 간소함에서 그런 질서가 생겨나는 겁니다.

인간 내면의 메커니즘은 군대와 닮은 부분이 있습니다. 군대는 규율로 강력해집니다. 규율은 상급자에 대한 하급자의 존경, 한 가지 목적을 향해 전원이 에너지를 집중함으로써 성립됩니다. 군대에서는 규율이 느슨해지면 바로 문제가 일어납니다. 의사를 결정하는 것은 장군이며, 소대장이 장군에게 명령해서는 안 됩니다.

당신의 생활과 타인의 생활, 그리고 사회생활을 신중하게 검토해 보십시오. 무언가가 제대로 돌아가지 않고 삐걱거려 혼란과 무질서가 보인다면, 명령 체계가 잘못되었기 때문입니다. 간소함이라는 규범이 마음속에 생겨나면, 무질서한 상태도 사라집니다.

간소함에 대해서는 이루 다 말할 수 없습니다. 간소함이란 그만큼 굉장합니다. 세상의 힘과 아름다움, 참된 기쁨은 간소함에서부터 옵니다.

우리들을 위로하고 희망으로 부풀게 하는 것, 어두운 골목길을 비추는 한 줄기 빛과 같은 것, 가난한 생활을 통해 숭고한 목적과 광대한 미래를 예견해 주는 모든 것이 간소한 존재에서 태어납니다.

'삶'의 과학이란, 자기 인생을 가장 중요한 무언가에 바치는 방법을 아는 것입니다. 그 일을 이해하고, 에고이즘이나 허영심을 일시적으로 만족시키는 것과는 다른 목표를 따르는 사람이야말로 간소한 인간이라고 할 수 있겠지요.

3

간소한 생각

쓸데없는 걸 걷어내야 하는 건 행동할 때만이 아닙니다. 머릿속의 생각 또한 조심해야 합니다.

인간의 생각은 혼란스럽습니다. 때로 우리는 덤불 속에서 길을 잃고 헤매는 듯한 상태가 됩니다.

그러나 '내게는 목적이 있고, 그 목적은 진정한 인간이 되는 것'이라고 자각한 순간, 머릿속에서 생각을 정리하게 됩니다. 그리고 보다 착한 사람, 보다 강한 사람으로 만들어주지 않는 생각이나 판단은 불건전하다고 간주하여 거절합니다.

우선은 '생각'을 놀이도구로 여기는 나쁜 습관을 버려야 합니다. 사고란 그 전체가 커다란 기능을 가진, 아주 정직한 도구입니다. 결코 장난감이 아닙니다.

화가의 아틀리에를 떠올려 보세요.

아틀리에에는 온갖 도구가 제자리에 놓여 있습니다. 사용하기 쉽게 배치되어 있지요. 자, 여기에 원숭이를 몇 마리를 풀어놓으면 어떻게 될까요? 원숭이는 작업대에 기어오르고, 로프에 매달리고, 캔버스를 몸에 돌돌 말고, 슬리퍼를 머리에 이고, 붓을 던지고, 그림 도구를 핥고, 게다가 초상화의 남자 뱃속에 무엇이 있는지 궁금하여 그림에 구멍을 뚫을지도 모릅니다. 분명 원숭이는 즐겁겠지요. 재미있어서 어쩔 줄 모를 겁니다. 하지만 아틀리에는 원숭이가 제 맘대로 놀기 위해 만들어진 공간이 아닙니다.

마찬가지로 사고思考는 놀이를 위한 것이 아닙니다. 인간에게는 생각하는 법이 있습니다. 사는 법이나 사랑하는 법이 있는 것과 마찬가지로요. 전부를 보고 알고 있다는 전제 아래 계획 없이 무익한 호기심으로 생각할 게 아니라, 마음 깊은 곳에서부터 사고하는 것이 중요합니다.

자신에 대하여 너무 생각하지 않기

무언가에 덤으로 자기 자신을 검토하고 분석하는 습관은, 부자연스러운 생활에 따라붙는 못된 버릇입니다. 그런 버릇이 있다면 가능한 한 빨리 고쳐야 합니다.

자기 내면을 관찰하고 분석하는 것이 나쁘다는 말이 아닙니다. 자기 마음속이나 행동의 동기를 명확히 보려고 애쓰는 것은 선한 인생의 중요한 요소입니다. 그러나 너무 주의 깊은 나머지 본인의 삶이나 생각을 끊임없이 체크하고 기계처럼 분석하는 것은 또 다른 이야기입니다. 이는 시간 낭비이며, 오히려 자신을 해칠 수 있습니다.

보행 준비를 위해 먼저 다리를 해부학적으로 검토하는 일에 몰두한다면, 그는 정작 한 걸음도 떼지 못하고 좌절할 수 있습니다.

"당신은 이미 걸을 준비가 다 되었어요. 망설이지 말고 어서 앞으로 나아갑시다! 넘어지지 않도록 주의하면서 이성적으로 힘을 조절하는 겁니다."

세세한 것에 집착하여 고민만 앞세우는 사람은 결국 무엇 하나 행동으로 옮기지 못합니다. 조금이라도 양식良識이 있다면, 인간은 자기 자신만을 생각하기 위해 만들어진 게 아니라는 사실을 깨닫게 될 겁니다.

양식良識이란 인류의 재산

'양식'이란 단어가 가리키는 것은, 오래된 좋은 습관처럼 지금은 좀처럼 눈에 띄지 않습니다.

양식은 이제 시대에 뒤떨어졌으니 다른 게 필요하다고 생각한 결과, 우리는 단순한 일을 의미 없이 복잡하게 만들고 있습니다.

단순한 일을 복잡하게 해내면, 언뜻 일반인은 할 수 없는 세련된 행동처럼 보입니다. 더구나 남과 달라 보이는 건 아주 기분 좋은 일이지요. 그래서 우리는 이미 자유로이 사용할 수 있는 좋은 방법이 있어도 다른 방법을 골라 기발한 시도를 합니다. 단순한 길을 가지 않고 굳이 탈선하는 겁니다.

그러나 양식이라는 똑바른 길에서 벗어나려고 하면, 비틀어지거나 뒤틀려 동요動搖가 생깁니다. 그것은 신체가 뒤틀리거나 굽는 것보다 몇 배나 참혹한 일입니다. 결국에는 '일단 비틀리면 온갖 결함이 생긴다'란 사실을 비싼 수업료 내고 배운 게 됩니다.

새로운 것, 진귀한 것은 결코 오래 가지 않습니다. '평범한 것'일수록 오래 지속됩니다. 반대로 말하면, 평범에서 멀어지면 위험해집니다. 이렇게 생각하니, 평범함으로 돌아가 다시 간소해질 수 있는 사람은 얼마나 행복할까요.

양식良識이란 태어나면서 갖추어진 성격이라고 생각하기 쉽지만, 양식은 누구나가 간단히 손에 넣을 수 있을 만큼 세속적으로 넘쳐나는 것은 아닙니다.

　양식이란, 마치 사람들의 마음 그 자체에서 태어나 누가 만들었는지 몰라도 인기 있는 옛노래 같습니다. 양식이란, 몇 세기에 걸쳐 차곡차곡 쌓아온 자본금이며, 순수한 보물입니다. 가치를 잃고 나서야 처음으로 그 사실을 깨닫게 되지요.

　양식을 몸에 익히고 유지하기 위해서라면, 나아가 통찰력과 바른 판단력을 유지하기 위해서라면, 어떠한 고생도 마다 해서는 안 됩니다. 검을 보관할 때는 휘거나 녹슬지 않도록 주의해야 합니다. 하물며 자기 생각에 대해서는 말할 것도 없지요. 가능한 주의 깊게 다루어야 합니다.

　분명히 해두고 싶은 것이 하나 있습니다. '양식을 지닌다'란 뜻은, 저속한 생각을 몸에 익히는 것이 아닙니다. 또한 '눈에 보이지 않고 만져지지 않는 모든 것을 부정'하는 편협한 실증주의도 아닙니다. 저속한 생각은 물질적인 집착에 인간을 가두고, 인간 내면의 빼어난 현실을 죄다 잊는 것과 같기 때문입니다. 즉, 양쪽 다 양식이 부족합니다.

생각만으로 멈추지 않기

여기서 인간의 최대 문제 하나를 짚고 넘어갑시다. 우리는 삶이란 하나의 개념에 도달하기 위하여 싸우고, 수많은 암시와 고난을 통해 그 개념을 찾고 있습니다.

하지만 삶의 프로그램이란 무서우리만큼 단순합니다. 더구나 매일매일의 생활이란 피할 수 없는 임박한 문제의 연속이며, 우리가 '생활이란 무엇인가'라는 관념을 만들어내기 전에 이미 존재하고 있습니다. 즉 '산다는 것은 무엇인가'를 생각하고, 완전히 이해하기까지 삶은 기다려 주지 않는다는 말입니다.

자기 철학이나 신념, 때로는 자신이 사물을 어떻게 보고 있는가에 따라 우리는 온갖 상황에 대처합니다. 이러한 사실이, 때로는 나름의 사고로 인생이란 무엇인가를 추론하고, 때로는 철학적인 고찰이 끝날 때까지 행동을 미루려는 우리를 세상의 질서로 다시 불러들입니다. '나는 지금 괜찮은 걸까?'라고 의심하며 멈추어 선다 해도, 세상은 멈추지 않고 돌아갑니다.

그저 하루의 여행자인 우리는 매일 온갖 상황에 휘말리고, 그 상황을 해결하도록 종용당합니다. 무엇이 일어날지 예상할 수도 없고, 최종 목적이 무엇인지도 모릅니다. 그래도 우리가 해야 할 일은, 자신에게 주어진 역할에 최선을 다하는 것입니다. 우리의 사고도 그런 상황에 적응해야 합니다.

"옛날에 비해 너무 복잡해졌단 말이지!" 같은 말은 하지 맙시다. 대체로 멀리서는 사물이 잘 보이지 않습니다. 본디 "할아버지 시대에 태어났으면 좋았을걸…."이라고 한탄하는 것 자체가 잘못입니다.

어디에서든, 어떤 시대든, 바르게 생각하는 것은 어려운 일입니다. 이는 예나 지금이나 전혀 다르지 않습니다.

이 관점으로 보면, 사람에 따른 차이 따위는 아무것도 아니라고 덧붙일 수 있겠지요. 명령하는 사람이든 따르는 사람이든, 교사든 학생이든, 작가든 재판관이든, 진실을 구별하는 데는 그 나름의 고충이 필요합니다.

사람은 빵이 아니라 자신감으로 산다

인간은 진보함으로써 생활에 아주 도움이 되는 몇 가지 빛을 손에 넣을 수 있었습니다. 하지만 그 빛은 또한 인간이 안고 있는 문제가 얼마나 많고 얼마나 광범위하게 퍼져 있는가를 확연히 보여주었습니다.

어려움은 절대 사라지지 않고, 지성에는 장애가 따르는 법입니다. 미지의 것이 우리를 지배하고, 사방에서 압박합니다.

그렇다고는 해도, 갈증 해소를 위해 수원水源까지 말릴 필요가 없듯, 사람이 살기 위해 모든 것을 알 필요는 없습니다. 몇 가지 기본적인 '양식糧食'만 있으면 충분합니다. 지금까지 그렇게 살아왔으니까요.

그렇다면 기본적인 양식이란 무엇일까요?

우선, 인간은 '신뢰'라는 양식에 의해 살아갑니다.

인간은, 마음속 보이지 않는 곳에 있는 것을 사상思想으로서 의식적으로 반영시킬 수밖에 없습니다. 모든 존재 안에 '우주는 분명 지적知的으로 구성되어 있다'라는 생각에 신뢰가 잠들어 있습니다.

꽃도 나무도 동물도, 안전한 고요함 속에서 살아가고 있습니다. 하늘에서 내리는 비에도, 눈뜨는 아침에도, 바다로 흘러가는 시냇물 속에도 신뢰가 있습니다. 모든 존재가 이렇게 말하고 있는 듯합니다.

"나는 여기에 있어. 나는 여기에 있어야 해. 거기에는 멋진 이유가 있어. 그러니까 안심하고 자리 잡자꾸나."

마찬가지로 인간도 자신감을 가지고 살아갑니다. 존재한다는 바로 그 사실로 인해, 충분한 존재 이유와 확신의 증거를 자기 안에 가지고 있는 겁니다. 예로부터 인간이 존재하기를 원했다는, 신의 그 의지 안에 신뢰가 깃들어 있습니다.

자신감을 가진 채, 그 자신감을 누구에게도 빼앗기지 않고 오히려 길러서, 그 자신감을 보다 개인적이고 확실한 것으로 만듭시다. 우리의 사상은 가장 먼저 그것에 집중해야 합니다. 우리의 자신감을 높여주는 건 무엇이든 '좋은 것'입니다. 거기에서부터 고요한 에너지, 안정된 활동, 인생과 노동의 결실에 대한 사랑이 생겨나기 때문입니다.

기본적인 자신감이란, 우리 안에서 존재의 힘이 되는 전부를 움직이게 하는 불가사의한 원동력 같은 것입니다.

자신감이 우리에게 활력을 안겨줍니다. 인간은 빵이 아니라, 자신감에 의해 키워지는 것입니다. 그러므로 자신감을 흔드는 것은 모두 나쁘다고 할 수 있겠지요. 그것은 이미 양식이 아니라 독입니다.

핑계보다는 희망을 택한다

자신감을 가지고 살면 희망과 함께 살아갈 수 있습니다. '**희망**'이란 자신감이 미래를 향하고 있을 때의 형태입니다.

인생은 하나의 결과이며, 하나의 동경입니다. 모든 존재는 하나의 출발점을 전제로 하여 하나의 도착점을 향해 나아갑니다. **산다는 건 누군가가 되는 일이고, 누군가가 된다는 건 동경하는 일입니다.**

광대한 미래는 무한한 희망으로 실현됩니다. 만물 깊은 곳에는 희망이 있고, 희망은 마음속에 반영되어야 합니다. 희망이 없으면 인생도 없습니다. 우리를 존재하게 만드는 힘이 우리를 더 높은 곳으로 데려다줍니다.

우리를 앞으로 나아가게 하는 이 집요한 본능이 의미하는 건 대체 무엇일까요? 인생으로부터 무언가가 결과로 생겨나야 하고, 인생 자체보다 위대한 '선'이 거기에서 만들어져, 그 선을 향해 인생은 천천히 움직입니다. 바로 여기에 진정한 의미가 있습니다.

인간이라고 불리는 가여운 씨를 뿌리는 자는 확실하게 짚고 넘어갈 필요가 있습니다. 인간의 역사란 결코 거역할 수 없는 겁니다. 그렇지 않다면 훨씬 전에 모든 것이 끝났겠지요. 무거운 짐을 지고 걸으며, 어둠 속에서도 헤매지 않고, 넘어져도 일어나고, 죽음을 맞는 순간마저도 자포자기하지 않기 위해 인간은 언제라도, 원하는 바가 아무것도 없을 때조차 희망을 품었습니다. **희망이야말로 인간을 지키는, 이른바 강장제인 것입니다.**

'어디에 있든 마지막에 이기는 것은 죽음이다.'

이 생각으로 인간은 죽음을 견디고 있었던 것이겠지요. 그러나 인간은 희망 또한 품고 있었습니다. 덕분에 우리는 지금도 살아가고 있고, 인생을 믿는 겁니다.

독일의 위대한 신비사상가이자 수도사였던 주조*Heinrich von Suso*(1295~1366)는 참으로 간소하고 선한 인물이었는데,

그에게는 감동적인 습관이 하나 있었습니다. 여성을 만날 때마다, 그 여성이 아무리 가난하고 나이 든 노인이라도 공손하게 길을 열어주었습니다. 가령 자신이 가시나무에 찔리거나 진흙 구덩이에 빠질지라도 그 습관을 지켜 나갔습니다. "나의 성모 마리아에게 경의를 표하기 위함입니다."라고 말하면서.

희망에 대해서도 같은 경의를 품어봅시다.

이랑에서 나오는 한 줄기 보리. 알을 부화시켜 새끼를 기르는 새. 상처 입어 몸을 웅크리면서도 일어나 앞으로 계속 나아가는 동물. 우박이나 홍수에 휩쓸린 밭을 경작하고 다시 씨를 뿌리는 농부. 전쟁으로 인한 피해와 아픔을 조금씩 극복해 나가는 시민.

어떤 형태를 하고 있든, 얼마나 나약하고 보잘것없는 모습을 하고 있든, 당신이 만난 희망에 경의를 표합시다! 전설, 소박한 노래, 민간신앙에서 만난 희망에 대해서도 경의를 표합시다! 어느 것이든 모두 파괴할 수 없는 존재들이니까요.

우리는 희망에 너무 인색한 것 같습니다. 현대인은 기묘한 소심함이 몸에 배어버린 듯합니다. 옛날 갈리아인의 선조들은 하늘이 무너져 내리지 않을까 두려워했습니다. 마찬가지로 우리 또한 기우라고밖에 할 수 없는 두려움을 마음속에 품고 있습니다.

물방울이 바다를 의심할까요? 빛이 태양을 의심할까요? 그럼에도 우리의 지혜는 의심을 품고 있습니다. 지혜는 끊임없이 불평을 늘어놓는 늙은 학자와 닮았습니다. 젊은 학생들의 정열과 치기 어린 장난을 무조건 혼내는 것이 자신의 역할이라고 믿는 노교수처럼 말입니다.

그러나 지금이야말로 어린아이로 돌아가야 할 때입니다.

손에 손을 맞잡는 법을 다시 배워야 할 때입니다.

우리를 감싸고 있는 신비에 눈을 떠야 할 때입니다.

'지성이 있음에도 불구하고 인간은 거의 아무것도 모른다'란 사실을 깨달아야 할 때입니다.

세상은 인간의 생각보다 훨씬 크고, 그것은 인간에게 행복한 일임을 떠올려야 합니다. 세상이 미지의 자원을 감추고 있다면, 인간은 망설임 없이 전적으로 세상을 신뢰할 수 있기 때문입니다.

세상을, 갚을 능력도 없는 채무자처럼 취급해서는 안 됩니다. 그 용기를 되살리고, 희망이라는 이름의 성스러운 불꽃을 다시 일으킵시다. 태양은 다시 떠오르고, 대지에는 다시 꽃이 피고, 새는

둥지를 틀고, 엄마는 아이에게 미소 짓습니다. 그러니 인간이라는 사실에 용기를 갖고, 그 외의 것은 신에게 맡깁시다.

환상을 잃고 차가워진 시대에 마음이 우울해진 사람이 있다면, 그가 누구든 나는 열정 가득한 말을 전하고 싶습니다. 용기를 내어 좀 더 희망을 품읍시다. 희망을 품을수록 분명 길을 잘못 드는 일도 적어질 테니까요. **아무리 소박한 희망이라도 분별 있는 절망보다 진실에 가까운 법입니다.**

'선량함'이라는 힘

인간의 길을 비추는 빛의 다른 하나의 근원은 선의善意입니다.

악이란 온갖 형태를 하고 있지만, 우리를 가장 두려움에 떨게 하는 것은 예로부터 이어져 내려오는 형태의 악입니다. 비열한 본능이나 피에 새겨진 악덕, 과거로부터 전해져 내려온 복종이나 의존이라는 악습관에 중독된 바이러스 말입니다. 우리가 이러한 악에 꺾이지 않았던 것은 왜일까요? 아마도 '선의'가 있었기 때문일 겁니다.

그렇다면 우리의 제한적인 이성 위에 펴져 있는 미지의 것이나 거짓, 증오, 부패, 고통, 죽음 등에 대해서는 어떻게 생각해야 할까요? 우리는 무엇을 해야 할까요? 이러한 의문에 대해 위대한 신비의 목소리가 이미 '선량하라'라고 답해주었습니다.

선량함은 신뢰나 희망과 마찬가지로 숭고한 것입니다. 선량함의 대항마가 아무리 강하다고 해도 선량함이 소멸하는 일은 없습니다. 선량함의 적으로 '인간 속의 야수'라고도 불리는 천성적인 흉포함이 존재합니다. 마찬가지로 선량함의 적으로는 교활함, 권리욕, 금전욕, 특히 배은망덕을 들 수 있겠지요.

울부짖는 야수들 속에 있는 성스러운 예언자처럼, 음험한 적에게 둘러싸여 있는 선량함이 어떻게 상처 없이 순결할 수 있는 걸까요?

적은 밑에 존재하는데 선량함은 높은 곳에 있기 때문입니다. 뿔도 이빨도 갈고리 같은 손톱도, 파괴적인 불꽃이 이글이글 타오르는 눈동자도, 높고 빠르게 날아오르는 날개를 향해서는 아무것도 할 수 없습니다. 잡는 것조차 여의치 않지요. 선량함이란 적의 계략에서 깨끗이 벗어날 수 있습니다. 아니, 그 이상도 가능합니다. 선량함이란 때로 박해자들보다 우위에 서는 아름다운 승리마저 손에 넣을 수 있습니다. 야수들을 입 다물게 하고 발밑에 엎드려 복종시킬 수 있습니다.

불행한 사람이나 심술궂은 사람도 원래대로 되돌리고, 위로하며, 상냥하게 대하는 선량함은, 그 발치에 빛을 뿌리고 있습니다.

선량함은 만사를 밝게 비추어 단순하게 만듭니다.

선량함은 가장 검소한 입장을 택했습니다. 상처를 치료하고, 눈물을 닦고, 비참함을 덜어주고, 상처받은 마음을 부드럽게 감싸고, 용서하고, 화해시킵니다. 바로 우리에게 가장 필요한 것들이지요.

우리는 인간 삶에 적합하고 효과적이며 간소한 사고방식을 갖기 위한 최선의 방법을 찾았습니다. 그 방법은 이 한마디로 요약할 수 있습니다.

'자신감을 가지고, 희망을 품고, 선량하라.'

나는 고매한 사색을 그만두라고 말하고 싶은 것이 아닙니다. 미지의 것이나 수많은 문제들을 고찰하고, 철학과 과학의 세계에서 광대한 심연을 들여다보는 일을 멈추게 하고 싶은 생각도 없습니다.

단지, 아무리 멀리 사색의 여행을 떠나더라도 반드시 지금 자신이 있는 곳으로 돌아와야 한다고 말하고 싶은 겁니다. 간혹 눈에 보이는 결과를 얻지 못해도, 발을 동동 구르는 현재로 돌아와야 합니다.

학자든 사상가든 무지한 자든, 그 누구도 만사를 확연히 볼 수 없는 복잡한 사회 문제나 삶의 조건이 존재하기 때문입니다. 현대를 살아가는 우리는 자주 이러한 상황에 직면합니다. 그래서 간소한 사고를 주장하는 것입니다.

4

간소한 말

말은 정신을 표현하는 위대한 수단이며, 그 정신을 남에게 확실히 보여주는 첫 번째 형태입니다. 말 그대로 '이 생각 끝에 이 말'인 것이죠.

간소함을 목표로 삼은 삶을 살기 위해서는, 말하는 단어나 쓰는 단어에 주의해야 합니다. 말도 사상과 마찬가지로 간소하면서 동시에 진심으로 자신감 넘치는 것이어야 합니다. 바르게 생각하고 솔직하게 말합시다.

정보가 많을수록 이해하기 어려워진다

인간관계는 상호 신뢰를 그 기초로 합니다. 그 신뢰는 개개인의 성실함에 의해 만들어집니다. 성실함을 잃으면 신뢰에 금이 가 관계가 삐걱대고 불안한 마음이 생겨납니다. 물리적인 이익에 대해서도, 정신적인 이익에 대해서도 이것은 진리입니다.

끊임없이 경계해야 하는 상대와 함께 일할 때뿐 아니라, 과학적 진리를 추구하거나 종교적 이해를 높인다거나 정의를 실현하는 일도 어려워집니다. 먼저 각각의 단어나 의도를 체크해야 하니까요. 말이라는 것이 전부 상대에게 진리를 전하기 위해서가 아니라 환상을 품도록 만들기 위해 존재하는 거라면, 인생은 기묘하게 복잡해질 겁니다.

현대를 살아가는 우리가 바로 그런 인생을 살고 있습니다. 세상에는 교활함으로 남을 속이는 사람, 빈틈이 없는 사람, 흥정 잘하는 사람이 너무도 많습니다. 그러니 다들 가장 단순한 일부터 가장 중요한 일에 이르기까지 정보를 얻기 위해 고군분투합니다.

옛날 인간의 커뮤니케이션 수단은 꽤나 한정되어 있었습니다. 정보 수단이 세련되고 다양해지면 세상을 더욱 밝게 비추리라고 사람들이 기대했던 것도 무리는 아닙니다.

인간은 서로 잘 아는 것으로 사랑하는 법을 배웁니다. 가령 같은 나라의 사람들은, 얼마나 많은 것을 공유하고 있는지 알게 될수록 친밀감을 느낍니다.

인쇄소가 만들어졌을 때 사람들은 외쳤습니다. "빛이 있으라!" 독서 습관과 신문이 확산되었을 때는 더욱 그렇게 소리치고 싶었겠지요. 그러니 이렇게 생각한 것도 당연하지 않았을까요?

'두 개의 빛이 하나보다 잘 밝혀주니, 더 많은 빛이 생기면 더 잘 비출 테지. 신문이나 서적이 많을수록 세상에서 벌어지는 일

또한 더 잘 알 수 있으니, 이제부터 역사를 기록하려는 사람은 행복할 거야.'

양손 가득 자료가 있으니 행복할 거라고 생각했습니다. 그러나 어떤가요? 그 추론은 도구의 질과 힘에만 사로잡혀, 가장 중요한 요인인 '인간'이란 요소를 고려하지 못했습니다.

신문을 읽을수록 의문이 깊어진다

지금까지는 궤변가나 모략가, 교활한 인간처럼 언변이 뛰어나고 말이든 활자든 능숙하게 구사하는 사람들이 사상을 넓히기 위해 모든 수단을 폭넓게 이용해 왔습니다. 그 결과, 어찌 되었습니까? **현대인은 본인의 시대나 본인에게 일어난 일들에 대한 진실을 파악하기가 너무 어려워졌습니다.**

가령 신문의 사명은 본래, 공평하게 숨기지 않고 정보를 제공함으로써 다른 나라들과 우호적인 관계를 만들어 나가는 것입니다. 그러나 경계심을 부추기고 모략을 일삼는 신문이 얼마나 많습니까? 또한 여론 중에는, 사실과 다른 근거 없는 소문, 사건과 말에 대한 악의에 찬 해석을 하는 곳도 많습니다. 그로 인해 불건전하고 겉모습에만 치중된 흐름을 만들어내고 있지요.

그래도 외국 사건보다 국내 사건에는 바른 정보를 주고 있다고 딱히 말하기도 어렵습니다. 상업·공업·농업에 관해서도, 정당이나 사회적 동향에 대해서도, 공적인 사건에 관계된 인물에 대해서도, 이해관계 없는 정보를 얻는 것이 쉽지 않습니다.

신문을 읽으면 읽을수록 무엇이 사실인지 오히려 알 수 없게 되는 겁니다. 신문에 난 기사를 믿다 보면 어떤 날은 이런 결론을 낼 수밖에 없습니다.

'이제 어디나 썩은 인간밖에 없어. 청렴결백한 기자는 손에 꼽을 정도라니까.'

그러나 결국 이마저도 잘못되었다고 깨닫는 날이 옵니다. 실제로 기자들은 서로를 헐뜯는 데 열을 올립니다. 그래서 '뱀의 전쟁'이란 제목의 풍자화와 비슷한 광경이 독자들 앞에 펼쳐지게 됩니다. 즉, 자기 주변의 것을 다 먹어치운 두 마리의 뱀이 서로를 공격하며 과욕을 부려 결국 두 개의 꼬리만이 남는 그림입니다.

이러한 상황이 당혹스러운 건 일반인만이 아닙니다. 교양인을 포함한 모든 사람이 그렇습니다. 정계에도 재계에도 실업계에도, 더 나아가서는 과학과 예술, 문학과 종교의 세계에서도 뒷거래와 트릭, 술수가 있습니다. 타국에 내놓는 진실도 있고, 사정상 내놓는 진실도 있습니다. 결과적으로는 모든 사람이 속는 셈입니다. 또한 교묘하게 사람을 속였던 사람이 타인에게 성실함을 기대한 순간, 이번에는 자신이 속는 함정에 빠지고 맙니다.

말을 조작할수록 신뢰가 떨어진다

이런 상황들이 불러들인 결과가 말의 추락입니다. 비열한 도구로 이용하는 사람에 의해 말은 그 가치가 하락합니다. 논쟁을 좋아하고 억지소리를 꾸며내는 사람, 궤변가같이 상대방을 굴복시키려는 분노, 자기 이익만이 중요하다고 주장하는 사람에게 이미 존중할 만한 말 따위는 없습니다.

그런 사람은 상대방이 늘 자기에게 이로운 쪽으로만 말한다고 판단합니다. 본인들이 그렇기 때문입니다. 상대가 누구든 상대의 말을 진심으로 받아들이지 않습니다. 무언가를 쓰거나 말하거나 가르치는 사람에게는 정말 슬픈 일이 아닐 수 없습니다.

이렇게 추락한 말을 내뱉는 자는 대체 얼마나 청중과 독자를 경시하고 있는 걸까요? 성실한 본질을 지켜온 사람에게 정직한 사람을 속이려고 하는 말이나 글의 모사꾼이 내뱉는 야유만큼 불쾌한 일은 없습니다.

성실한 사람은 솔직하게 상대의 말에 귀 기울여주는 데 반해, 모사꾼들은 악랄한 수법으로 일반 사람들을 바보로 만듭니다. 하지만 그렇게 거짓을 꾸미는 사람은 자신이 무슨 잘못을 하고 있는지도 모릅니다.

신뢰는, 인간이 살아가기 위한 자본입니다.

타인에게 얻을 수 있는 신뢰를 이기는 것은 없습니다. 누구라도 배신당했다고 느끼면 바로 경계심을 품습니다. 분명, 잠깐은 간소함을 악용하는 인간을 따르는 일도 있겠지요. 그러나 시간이 좀 흐르면 최고였던 기분도 반감으로 변합니다. 크게 열려 있어야 할 문은 차갑게 닫히고, 주의 깊게 기울였던 귀도 닫아버립니다. 그렇게 되면 그 귀는 슬프게도, 악만이 아니라 선에게까지 닫혀버립니다. 이것이야말로 말을 왜곡시키거나 추락시키는 사람의 죄라고 할 수 있지요.

그들은 일반적으로 퍼지는 신뢰감도 흔들 수 있습니다. 화폐 가치나 금리의 저하, 금융기관의 파산을 재앙이라고 보지만, 그보다 더 큰 불행은 신뢰를 잃는 일입니다. 즉, 성실한 사람들이 서로 주고받는 말이 진짜 화폐처럼 가치를 갖기 때문에 정신적 신뢰가 없어져 버리는 겁니다.

위조화폐를 만드는 사람, 투기꾼, 수상쩍은 자본가는, 공명정대한 돈마저 의심스럽게 만드는 타도해야 할 존재입니다.

마찬가지로, 거짓된 말을 하거나 글을 쓰는 자도 타도의 대상이 됩니다. 거짓된 말로 인해 그 누구도 혹은 아무것도 신용할 수 없게 되면, 말과 글의 가치는 위조화폐의 가치와 그다지 다르지 않기 때문입니다.

개개인이 스스로 주의하여 말을 아끼고, 문장을 퇴고하고, 간결하게 표현하는 것이 얼마나 급한 일인지 아시겠지요? 의미심장한 말투, 에둘러 하는 말, 고의로 말을 빼먹거나 말끝을 흐리는 짓은 이제 그만둡시다. 그런 말들은 모든 것을 엉망으로 만드는 일에만 도움이 되기 때문입니다.

인간다운, 제대로 된 말을 합시다.

세상을 구원하기 위해서는, 권모술수의 수년간보다 성실한 한 시간이 훨씬 의미가 있습니다.

중요한 일일수록 간결하게 표현한다

말에 대한 미신적 생각에 빠진 사람이나 문제가 가진 힘을 과신하는 사람이 명심할 일이 있습니다.

나는 우아한 말이나 세련된 문체를 좋아하는 사람을 부정하는 것이 아닙니다. 하고 싶은 말은 아무리 자주 표현해도 지나치지 않습니다. 그러나 공들인 표현을 사용한다고 해서 제대로 이야기하고, 제대로 쓰는 것은 아닙니다. 말이란 사실에 도움이 되어야 하며, 사실을 대신하는 것입니다. 표현에 치중한 나머지 사실을 잊게 하는 것이어서는 안 된다는 뜻입니다.

가장 위대한 일은 간결하게 서술됨으로써 최대의 가치를 발휘합니다. 그때야 비로소 있는 그대로의 모습이 보이기 때문입니다. 그렇다면 미사여구를 늘어놓는 연설을 할 필요가 있을까요? '작가와 화자의 허영심'이라고 불리는, 진리의 생명을 앗아가는 그림자를 드리울 필요도 없습니다.

단순할수록 설득력을 지닙니다. 신성한 감동, 잔혹한 아픔, 위대한 헌신, 정열적인 감정 같은 것은 어떤 아름다운 문장보다 한순간의 눈빛이나 몸짓, 한마디 외침에 의해 정확히 표현됩니다. 인간의 마음속에 있는 가장 중요한 것은 가장 단순한 형태로 나타납니다. '진짜'이기에 설득력을 갖는 것입니다.

너무도 익숙한 빈말이나 있는 힘껏 소리 지르는 외침보다, 간결하고 때로는 더듬거릴 정도의 말을 사용하는 편이 깊이 이해되는 진실도 있습니다. 이러한 원칙은 모두의 일상생활에서 의미가 있습니다.

항상 진실을 말할 것, 간소함을 마음에 새겨 절도를 지킬 것, 자기 내면을 충실하게 표현할 것, 언제나 냉정할 것. 공공장소에서든 사생활에서든, 감정과 신념을 표현할 때는 이 원칙을 지키는 것만으로 정신생활에 도움이 됩니다.

의미 없이 아름다운 말은 독선적일 위험이 있습니다. 한때 왕궁에서 세상 물정을 전하던 자처럼, 고용인의 입장이지만 거의 그 역할을 해내지 못합니다. 입담 좋고 글솜씨가 좋은 것뿐, 얼핏 그럴듯해 보이기는 하지만 아무런 도움도 되지 않습니다.

쓸데없는 이야기로 힘을 다 써버리지 않는다

말하는 것만으로 만족하여 '말해두었으니 행동하지는 않아도 되겠지'란 생각에 빠진 사람도 많습니다. 그리고 그 이야기에 귀 기울였던 이들도 들은 것만으로 만족합니다.

그러다 문득 정신을 차리면, 인생은 몇 번쯤의 화려한 연설과 몇 권의 아름다운 책, 몇 편의 훌륭한 연극만으로 이루어지게 됩니다. 게다가 그렇게 당당하게 말했던 주제에 대부분의 사람이 그런 주장을 실행하는 데까지는 생각이 미치지 않습니다.

또한 인간은 마치 스스로 이야기하거나 다른 사람의 이야기를 듣기 위해 존재하는 것처럼, 여기저기서 요란스레 떠들어 대며 세상을 혼란에 빠뜨립니다. 쓸데없는 이야기를 옮기고, 장광설을 늘어놓고, 아무리 떠들어도 부족하다는 듯이 끊임없이 떠들어 대는 사람들이 얼마나 많은지요.

말만 하는 사람은, 가장 과묵한 사람이 가장 많은 일을 한다는 사실을 완전히 잊고 있습니다. 기관차가 기적을 울리는 데 증기를 써버리면 바퀴를 움직일 수 없게 됩니다. 침묵 지키는 일을 마음에 새기세요. 수다를 줄이면 틀림없이 그만큼의 힘을 얻게 될 것입니다.

과장된 표현을 피한다

또 하나 주목해야 할 주제는 '말의 과장'입니다.

같은 나라 사람이라도 지역에 따라 기질이 다른데, 그것은 말에 아주 잘 표현됩니다. 이쪽 사람들은 냉정하고 차분한 분위기라서 꽤 조심스럽게 말을 고릅니다. 저쪽 사람들은 안정적인 기질이라서 말도 직설적이고 만사를 정확하게 표현합니다. 조금 먼 지역에서는 토지와 공기, 아마도 와인 탓에 뜨거운 피가 몸속을 돌고 있겠지요. 사람들은 쉽게 흥분하고 표현도 과장되며, 무엇에 대해서든 최상급의 표현을 사용합니다. 가장 단순한 일을 이야기할 때조차 강하게 표현하지요.

이처럼 풍토에 의해 달라질 뿐 아니라 말투는 시대에 따라서도 차이가 납니다. 앙시앙 레짐*Ancien Régime** 때에도 혁명시

---
* 프랑스 혁명(1789~1799) 이전의 절대 군주정과 그에 대응하는 봉건적인 사회체제를 가리킨다.

대와는 다른 말투를 썼고, 1830년과 1848년의 제2제정시대*에도 같은 말투는 쓰지 않았습니다. 오늘날에는 대체로 에둘러 말하는 일이 예전보다 없어졌고, 형식적인 기술記述을 위해 레이스 소매를 달거나 가발을 쓰는 일도 없어졌습니다. 그래도 옛날 사람과 현대인을 구별하는 하나의 표식이 있습니다. 과장의 원인이 되는, 우리의 과민함입니다.

병적이라 할 만큼 예민한 성질을 가진 자는—지금이야 신경질이 귀족의 특권은 아닌 듯합니다— 같은 말이라도 보통 사람과는 다른 인상을 받습니다. 신경질적인 사람은, 자신의 느낌을 말로 표현하는 데 단순한 단어로는 충분하지 않다고 느낍니다. 그래서 일상생활에서도, 공적인 생활에서도, 문장이나 연극에서도, 온화하고 조심스러운 단어가 점점 과장된 단어로 변합니다.

사람들의 정신을 고양시키고 억지로라도 주의를 끌기 위해 소설가나 희곡작가, 연극배우가 사용해 온 방법을 일상적인 대화나 편지, 심지어 논쟁에까지 끌어들여 사용하고 있습니다. 우리의 서

---

* 프랑스에서는 1830년의 7월혁명, 1848년의 2월혁명을 거쳐 나폴레옹이 일으킨 쿠데타에 의해 1852년부터 1870년까지 제2제정시대가 지속되었다.

체가 아버지 세대의 서체와 다른 것처럼, 현대인의 말투와 침착하고 온화한 사람의 말투는 큰 차이가 있습니다.

　옛날 사람들의 펜은 종이 위를 좀 더 안정적이고 힘있게 달렸습니다. 이에 비해 우리는 마치 쫓기듯 내달립니다. 현대인의 서체는 에너지를 이용해야만 하는 복잡한 생활과 관계가 있는 걸까요? 현대 생활은 우리를 성급하게 만들어 끊임없이 분주한 행동으로 몰아넣습니다. 말하는 단어도 쓰는 단어도 그 영향을 받습니다. 결국 서체는 우리의 내면을 보여주고 있는 겁니다.

인기란 모든 사람을 하나로 묶는 힘

　결과에서 원인으로 거슬러 올라가 봅시다. 말을 과장하는 습관에서 대체 어떤 '선함'을 끄집어낼 수 있을까요?

　자신이 느끼는 그대로를 충실히 전하지 못하는 우리는, 주변 사람과 우리 자신의 정신을 과장함으로써 왜곡시키고 있습니다. 과장하는 사람들끼리도 서로 이해하는 듯 보이지는 않습니다. 조바심, 성과 없는 격한 논쟁, 성급한 판단, 도를 넘은 교육과 인간

관계… 이런 것들이 절도 없는 단어 사용의 결과입니다.

간소한 말을 사용하자고 호소할 때 내가 원하는 것은 하나입니다. 이 바람이 달성되면 가장 행복한 결과를 가져오겠지요. 그 바람이란 간소한 문학입니다. 별난 것에 질려 있는 영혼에게 처방할 수 있는 최고의 약 중 하나이며, 사회적인 결합을 위한 근원으로써 간소한 예술, 간소한 문학이 필요합니다. 예술도 문학도, 재산을 가진 사람과 교육을 받은 사람, 즉 아주 소수의 사람을 위해 존재하는 듯 보입니다.

시인이나 소설가, 화가에게 평범함 속에서 우월감을 느끼라고 높은 곳에서 내려오라는 게 아닙니다. 반대로 더욱 높은 곳으로 올라갔으면 좋겠다고 권하는 겁니다. '대중적'이라는 말은 대중이라고 불리기에 어울리는 특정 사회계급에만 적용되는 것이 아닙니다. 모든 사람이 공통으로 좋아하고 모든 사람을 묶어주는 '인기가 있다'란 뜻입니다.

간소한 예술을 낳을 수 있는 발상의 근원은, 인간 마음 깊은 곳, 영원히 변하지 않는 삶의 현실 속에 존재합니다. 그리고 인기 있는 말의 근원은, 기본적인 감정이나 인간 운명의 주요 방향성을 보여주는 단순하고 힘 있는 형태 안에서 찾아야 합니다. 거기에 진리와 힘, 위대함과 불멸이 있습니다. 그런 이상理想 속에 젊은이들을 불태울만한 무언가가 있는 게 아닐까요?

나는 예술적 권위 따위 전혀 없지만, 그래도 대중의 한 사람으로서 재능 넘치는 사람들에게 이렇게 외칠 권리는 있습니다.

세상에서 잊힌 사람들을 위해 표현해 주세요.

사회 저변에 있는 이들에게도 이해받을 수 있도록 노력하세요.

그렇게 하면, 해방과 중재를 할 수 있게 될 겁니다. 그렇게 하면, 예전 예술의 거장들이 퍼내던 원천源泉의 입구를 다시 열 수 있게 될 겁니다.

거장들의 작품이 시대를 넘어 살아남는 것은, 천재적인 작품에 간소함이라는 옷을 입히는 법을 알고 있었기 때문입니다.

5

단순한 의무

1년 중에는 성탑의 종을 울릴 만한 큰 축일이 며칠인가 있지만, 대부분은 평범한 하루입니다. 마찬가지로, 세상에는 아주 대규모의 싸움이 몇 있지만, 동시에 단순한 의무도 많습니다.

무거운 의무에는 당당하게 대처하면서 왜 사소한 의무 앞에서는 오히려 마음이 약해지는 걸까요? 중요한 것은 단순한 의무를 다하는 일, 기본적인 정의를 실천하는 일입니다.

자신의 영혼을 잃은 사람은, 곤란한 의무를 다하는 능력이 없었던 것이 아닙니다. 불가능한 일을 실현할 수 없었던 것도 아닙니다. 그저 단순한 의무를 다하는 것에 게을렀을 뿐입니다.

작은 선의를 발휘하다

이 진리에 대한 예를 들어봅시다. 사회의 비참한 이면을 들여다보면, 육체적으로도 정신적으로도 큰 참혹함을 엿볼 수 있습니다. 깊이 들어갈수록 많은 상처가 발견되고, 결국에는 암담한 빈곤의 세계가 펼쳐집니다. 그 세상을 눈앞에 마주했을 때, 한 사람의 힘으로는 아무런 도움도 되지 않을 것 같습니다. 눈앞의 사람을 도와야 한다고 생각하면서도 분명 이렇게 자문하겠지요.

'이런 일을 한다고 뭐가 달라질까?'

당연하게도 불안에 떨게 될 겁니다. 절망감으로 아무것도 못한 채 지낼지도 모르지요. 물론 아무 일도 하지 않는다고 그에게 연민의 감정이나 선의가 없는 것은 아닙니다.

그래도 아무것도 하지 않는 태도는 옳지 않습니다. **큰 선을 행하는 수단 따위 아무도 가지고 있지 않습니다. 그렇다고 작은 선을 행하지 않아도 되는 이유는 되지 않습니다.**

많은 사람들이 아무것도 하지 않고 넘어가려는 것은, 일상에서 해야 할 일이 넘쳐나기 때문입니다. 그렇다고 단순한 의무를 상관없는 것으로 치부할 이유는 되지 않습니다.

우리는 단순한 의무를 해내야 합니다. 그 의무란 우리가 지금 문제 삼고 있는 사례 속에 있습니다. 즉, 개개인이 자신의 재력·시간·능력에 따라, 은혜받지 못한 사람들과의 관계를 만들어 가야 합니다.

세상에는 작은 선의를 발휘하여 나라의 핵심 인물에게 아부하는 사람이 있습니다. 그런데 왜 가난한 이웃이나 생활필수품조차 없는 사람과는 마주하려고 하지 않는 걸까요?

곤경에 처한 가족의 역사와 과거를 아는 것. 자신이 할 수 있는 일을 하는 것. 그렇게 함으로써 정신적 혹은 물질적인 '구제'라는 형태로 이웃 사랑을 실천하면, 당신은 크게 도움이 되는 존재가 됩니다.

물론 당신은 작은 한 부분에 손댔을 뿐일지 모릅니다. 하지만 당신이 할 수 있는 일을 하면, 다른 사람에게도 자신이 할 수 있는 일을 하도록 촉구할 수 있을지 모릅니다. 이 행동으로 인해 당신은 사회 속에 퍼진 빈곤, 음험한 증오, 불화, 악덕을 그저 확인할 뿐 아니라 그곳에 조금의 선이라도 가져올 수 있겠지요.

당신의 선의와 같은 선의들이 조금씩이라도 늘어나면, 선은 눈 깜짝할 사이 커지고 악은 쪼그라듭니다. 만일 작은 선을 행하는 것이 당신 한 사람이라고 해도 이치에 맞는 유일한 일, 당신에게 주어진 단순한 의무를 다한 사실에는 변함이 없을 테지요. 그럼으로써 당신은 선한 인생의 비밀 하나를 발견한 것입니다.

최악의 상황일수록 차림새를 단정히

인간의 야심은 큰 꿈을 꾸지만, 그 꿈이 이루어지는 일은 거의 없습니다. 한순간에 성공한 듯 보여도, 실은 강인한 인내심을 바탕으로 한 준비가 항상 되어 있었기 때문입니다. 사소한 일에 대한 성실함이 큰일을 달성하는 기초가 됩니다. 우리는 그 사실을 자주 잊곤 하는데, 이거야말로 어려운 시대나 인생의 괴로운 시기에 명심해야 할 진실입니다.

배가 난파되면, 갑판의 파편이나 노, 나무판자 하나를 붙잡아 목숨을 건지기도 합니다. 인생에 밀려오는 파도에 모든 게 산산조각 흩어진 듯 보일 때, 단 하나의 파편이 구원의 판자가 될 수도 있음을 기억하세요. 남은 것들을 가볍게 여기니까 의기소침해지는 겁니다.

당신이 파산했다고 칩시다. 소중한 사람을 잃었다고 칩시다. 혹은 긴 시간 고생해서 손에 넣은 것들이 눈앞에서 사라졌다고 칩시다.

재산을 돌려받거나, 죽은 사람을 되살리거나, 물거품이 된 노력을 되살리는 일은 불가능합니다. 당신은 돌이킬 수 없는 일 앞에 어찌할 바를 모르겠지요. 이러한 상황에 빠지면, 옷차림을 단정히 한다거나 집안일, 아이 돌보는 일 같은 단순한 의무를 소홀히 하게 됩니다.

무리도 아니지만, 사실 아주 위험한 상태입니다. 그대로 방치하면 병은 더욱 깊어집니다. '더 이상 잃은 게 없어!'라고 생각하게 되면, 정작 그 생각이 원인이 되어 아직 남아 있는 것마저 잃게 되니까요.

남겨진 재산의 파편을 주우세요. 비록 적더라도 남겨진 것을 소중히 하세요. 그것이 당신을 위로해 줄 것입니다.

노력을 게을리하면 그 응보가 되돌아오는 것처럼, 노력하면 스스로를 구할 수 있습니다. 붙잡을 수 있는 것이 그저 나뭇가지 하나일 뿐이라도 그 나뭇가지에 매달리세요.

누가 봐도 질 것 같은 싸움에 편 하나 없이 혼자 남을지라도 무기를 버리고 도망자 무리에 합류해서는 안 됩니다. 운명이 그저 한 가닥의 실로 연결된 것처럼, 때로는 독립적인 생각에 기반하여 미래가 결정되는 일도 있습니다.

내 편이 아무도 없을 때는 역사와 자연에 도움을 구하세요. 번영도 재해도 작은 원인으로 일어납니다. 사소한 것을 무시하는 행동은 현명하지 않습니다. 특히 기다림과 다시 일어나는 법을 배워야 합니다. 이는 역사와 자연이 가르쳐 줄 겁니다.

단순한 의무를 이야기할 때, 나는 군대 생활을 상상합니다. 우리는 인생이라는 큰 전쟁터의 병사이고, 실제로 군대에는 다양한 본보기가 있습니다.

가령, 자기 군이 패했다고 군복이나 총 손질도 하지 않고 규율도 지키지 않는 병사는, 자기 의무를 제대로 파악하지 못한 겁니다. '패했는데, 이딴 걸 해서 뭐해?'라고 느낄 수도 있겠지요. 하지만 패하는 것에도 정도가 있지 않을까요? 전투에 패한 불행이 낙담이나 무질서, 나라의 붕괴로까지 이어져도 되는 걸까요? 그렇지 않습니다.

두려울 때일수록 아주 작은 행위가 암흑 속의 한 줄기 빛이 될 수도 있음을 잊지 맙시다. 이는 인생과 희망의 증표입니다. 결국에는, 모든 걸 잃은 건 아니라는 사실을 깨닫게 될 겁니다.

1813년에서 1814년으로 이어지는 겨울의 일입니다. 프랑스군은 참담한 상황 속에 퇴각할 수밖에 없었고, 대부분은 차림새 따위 챙길 겨를도 없는 상황이었습니다. 그런데 어느 날 아침, 한 장군(이름은 모르지만)이 깨끗이 면도한 얼굴에 정복을 입고 나폴레옹 1세 앞에 나타났습니다. 싸움에 져서 도망치는 중에 마치 열병식에라도 참가할 듯한 차림새를 보고 황제는 말했습니다.

"장군이여, 그대는 진정 용감한 사람이로군!"

신변의 의무 수행이 최우선

단순한 의무란 가까운 사람들에 대한 의무라고도 할 수 있습니다.

바로 옆에 있는 것에 흥미를 느끼지 못하는 건 인간의 공통된 약점입니다. 가까이에 있는 사람에게는 하찮은 부분밖에 보이지 않기 때문입니다. 오히려 인간은 멀리 있는 사람에게 끌리고 매료됩니다. 그 결과, 막대한 양의 선의가 헛되이 낭비됩니다.

우리는 지평선 너머에 매력적으로 비치는 대단한 것에만 눈길을 빼앗겨, '인류 전체'와 '사회 복지', '멀리 있는 불행'에만 정열을 쏟고, 바로 옆에 있는 사람들에게는 눈길도 주지 않습니다.

옆에 있는 사람들을 보려고도 하지 않는 건, 얼마나 기묘한 인

간의 어리석음인가요?

폭넓은 독서를 하고 세계를 여행하지만, 같은 마을에 사는 사람들에 대해서는 잘 모릅니다. 많은 사람의 도움을 받아 살고 있으면서 정작 가까운 사람들에게는 무관심한 겁니다.

잡다한 것을 가르쳐 준 사람, 교육해 준 사람, 통치하는 사람, 봉사하는 사람, 필요한 것을 공급해 주는 사람, 키워 준 사람… 이런 가까운 사람들에게 관심을 표하지 않습니다. 우리를 위해 일하는 사람이나 동료, 요컨대 우리와 불가결한 인간관계를 맺고 있는 사람들에 대해 잘 모릅니다. 이는 은혜를 모르고 통찰력이 부족한 탓이라 말하면서도, 정작 마음속에서 알고 싶은 마음이 전혀 솟아나지 않는 겁니다.

가족 사이도 마찬가지입니다. 남편을 거의 모르는 아내도 있고, 아내를 잘 알지 못하는 남편도 있습니다. 아이들에 대해서 아무것도 모르는 부모도 있습니다. 아이의 성장, 아이가 무얼 생각하는지, 아이 주변의 위험, 아이의 장래 희망 등을 조금도 알지 못합니다. 그런 부모는 먼지를 덮어쓰고 있는 서적들과 같습니다. 물론 아이들도 대부분은 부모의 고생, 부부 싸움, 부모가 어떻게 하고 싶은지 등에 대해서는 거의 알지 못합니다.

나는 가족관계가 붕괴된 비참한 가정에 대해 얘기하려는 것이 아닙니다. 정직한 사람들이 만들어내는 훌륭한 가정을 이야기하는 겁니다. 모든 사람들이 가족 외의 것에 몰두하고, 엉뚱한 것에 시간을 허비하고 있다고 말하고 싶은 것뿐입니다.

개개인의 활동 거점은 가까운 의무를 행하는 장소여야 합니다. 그 거점을 소홀히 하면 먼 곳을 향해 계획하고 있는 일도 잘 풀리지 않겠지요. 따라서 먼저 당신의 나라, 당신의 마을, 당신의 직장, 당신의 가족에게 눈을 돌리십시오. 가능하면 가까운 곳에서 시작해서 조금씩 멀리 가도록 하십시오. 그것이 단순하고 자연스러운 걸음입니다.

인간은 터무니없는 이유를 붙이고, 막대한 비용을 들이면서 전혀 반대 방향으로 가려고 합니다. 의무에 대해 이상한 혼동을 하는 탓에 본래 자기에게 주어진 당연한 의무 외에 많은 것을 좇으려 합니다. 다들 자기와 관계없는 것에 마음을 빼앗기고, 자기가 가진 장소를 떠나, 본인이 정말 해야 할 일을 알지 못합니다. 그래서 생활방식이 복잡해지는 것입니다.

개개인이 자기와 관계된 일에 전념하면 삶은 단순하고 간소해집니다.

범인 잡기보다 문제 해결이 우선

단순한 의무에는 한 가지 또 다른 형태가 있습니다.

손해가 났을 때 보상해야 하는 쪽은 손해를 입힌 사람입니다. 분명 그래야만 하는데, 이건 어디까지나 이론일 뿐입니다.

그 이론에 따르면, 손해 입힌 사람을 찾아 보상받기까지 손해 입은 사람은 그대로 방치됩니다. 손해 입힌 사람을 못 찾으면 어떻게 될까요? 그 사람이 보상하려고 하지 않는다면? 보상할 능력이 없다면?

지붕의 기와가 깨져서 빗물이 새거나 창문이 깨져서 바람이 들이친다고 합시다. 기와나 유리창을 부순 범인을 찾을 때까지 수리공 부르는 걸 미루어야 할까요?

무슨 바보 같은 소리냐고 하겠지요? 그러나 이런 일은 비일비재합니다. 가령, 돌을 던지는 아이들에게 주의를 주었다고 합시다. 아이들은 화를 내며 외칩니다. "그 돌을 던진 건 내가 아니에요! 내가 안 그랬는데, 왜 내가 주워야 해요?"

어른들도 같은 억지를 부립니다. 분명 맞는 말이긴 하지만, 세상을 움직이는 것은 이런 이론이 아닙니다.

우리가 알아두어야 할 것, 인생이 매일 가르쳐주는 것은, 엉뚱한 사람이 손해를 보상하고 있다는 점입니다. 손해를 입힌 사람이 아니라요.

파괴하는 사람도 있고, 다시 건설하는 사람도 있습니다.

더럽히는 사람도 있고, 깨끗이 청소하는 사람도 있습니다.

싸움을 부추기는 사람도 있고, 말리는 사람도 있습니다.

눈물 흘리게 하는 사람도 있고, 위로해 주는 사람도 있습니다.

부정을 위해 사는 사람도 있고, 정의를 위해 죽는 사람도 있습니다.

이 고통에 가득찬 규범이 지켜졌을 때 구제가 존재합니다. 이 또한 이치에 맞는 일입니다. 단, 이 '사실의 논리'는 '이치의 논리'를 퇴색시킵니다.

간소한 마음을 가진 사람은 이런 결론을 내겠지요.

'손해가 난 이상, 중요한 건 바로 손해를 메우는 일이다.'

손해를 입힌 사람이 보상에 협력해 준다면 그보다 좋은 일은 없겠지만, 그에게 그다지 기대해선 안 된다는 걸 우리는 경험을 통해 잘 알고 있습니다.

애정이라는 힘을 따른다

의무가 아무리 단순하다고 해도 그 의무를 다하기 위해서는 힘이 필요합니다. 이 힘은 무엇에서 만들어지고, 어디에 있는 것일까요? 그에 대한 이야기는 아무리 해도 다하지 못할 겁니다.

외부에서 부과된 의무는 적이며, 번거로운 일입니다. 의무가 문으로 들어오면 우리는 창문으로 나가고, 의무가 창을 막으면 우리는 지붕을 뚫고 도망갑니다. 의무가 다가오는 게 느껴지면 가능한 한 멀리 달아나려고 합니다.

이는 경찰을 용케 피하는 사기꾼의 교묘한 수법과 같습니다. 경찰은 사기꾼의 덜미를 잡을 수는 있어도 제대로 된 길을 걷도록 종용하지는 못합니다. 인간이 의무를 다하기 위해서는, '이거 해, 저거 하지 마' 같은 명령이 아니라 다른 힘이 필요합니다.

그 다른 힘은 인간 내면에 존재하며 '애정'이라고 불립니다.

자기 일을 싫어하고 적당히 하는 사람은, 세상 어떤 힘으로도 그 일을 열심히 하도록 만들 수 없습니다. 그러나 자기 일을 사랑하는 사람은 혼자서도 계속 나아갈 수 있습니다. 그에게는 일을 강요할 필요도 없고, 다른 일을 시키는 것도 불가능합니다. 이는 누구에게나 마찬가지입니다.

중요한 것은, 흔하고 수수한 운명 속에서 신성함 혹은 불멸의 아름다움을 느낀 적이 있는가의 여부입니다. 지금까지의 경험을 통해, 고뇌와 희망 덕에 인생을 사랑하고, 비참함과 고상함 덕에 인간을 사랑하고, 그 마음과 지성과 정으로 말미암아 인간임을 사랑하겠다고 마음먹을지의 여부입니다.

이 결심이 서면, 바람이 배의 돛을 이끌어주듯 미지의 힘이 우리를 이끌어 배려와 정의를 향하게 합니다. 이 저항할 수 없는 힘에 밀려 우리는 이렇게 말하겠지요.

"나는 이 힘을 따를 겁니다. 더 이상 거스를 수가 없어요."

모든 세대, 온갖 환경의 사람들이 이런 말로 인간을 초월하는 힘이면서 인간의 마음속에 담기는 힘을 표현하려고 했습니다. 우리 내면에 존재하는, 진정 고귀한 모든 것이 우리를 넘어선 그 신비의 힘으로 나타납니다. 위대한 사상이나 위대한 행동과 마찬가지로, 위대한 감정도 계시를 받아 생겨납니다.

나무가 잎을 피우고 열매를 맺는 것은, 땅속에서 생명력을 키우고 태양으로부터 빛과 열을 받았기 때문입니다. 인간이 이 소박한 지구에서 무지와 잘못을 저지르면서도 본인 일에 진지하게 몸을 바칠 수 있는 것은 '선량함'이라는 영원의 샘과 접할 수 있기 때문입니다. 중요한 이 힘은 여러 형태로 나타납니다.

어느 때는 불굴의 에너지로, 어느 때는 부드러운 애무로, 어느 때는 악을 공격하고 파괴하는 전투 정신으로, 어느 때는 길가에 버려진 상처 입은 생물에 대한 모성 본능으로, 어느 때는 긴 연구를 성실하게 계속하는 인내력으로….

불굴의 에너지를 가지고 있는 것에는 모두 증표가 달려 있습니다. 그리고 그 에너지로 움직이는 인간은, 그 힘으로 자신이 존재하고 살아감을 깨닫습니다. 이 힘을 섬기는 것이 행복이며 보상이기도 합니다. 그 힘의 도구가 됨으로써 충분하다고 생각하는 사람은, 외부 시선 따위는 안중에도 없습니다.

세상에는 위대함도 시시함도 존재하지 않습니다. 우리의 행동이나 삶에 가치를 부여하는 것은 그 안에 있는 정신입니다. 불굴의 에너지를 가진 사람은 이를 잘 알고 있습니다.

6

간소한 욕구

새 장사에게 새를 샀다고 칩시다. 그 가게의 성실한 주인은 당신의 새로운 동거인, 즉 그 새에게 무엇이 필요한가를 간략하게 설명합니다. 위생 상태나 먹이 등에 대해서는 몇 개의 단어만으로 충분합니다. 마찬가지로, 대부분의 인간에게 필요한 것을 뭉뚱그리어 보면 간단한 지시만으로 충분합니다.

인간의 식사는 대부분 아주 간소합니다. 그런 식사를 하는 한 어머니이신 자연에 순종하는 아이와 같이 건강할 수 있습니다. 그러나 간소한 식사에서 멀어지는 순간, 건강도 잃고 기분도 가라앉습니다. 단순하고 자연스러운 생활만이 우리 몸을 활력 넘치는 상태로 유지시켜줍니다. 이 기본 원칙을 잊으면, 우리는 기이한 무분별의 상태로 떨어집니다.

살기 위해 필요한 최소한이란 무얼까?

인간이 물질적으로 가장 좋은 상태로 살아가기 위해서는 무엇이 필요할까요? 건강한 먹을거리, 간소한 옷, 위생적인 주거, 그리고 공기와 운동입니다.

나는 여기에서 위생상의 상세한 주의 사항을 알리려는 것도 아니고, 메뉴를 소개하려는 것도 아니며, 모델 주택이나 옷의 재단 방법을 가르치려는 것도 아닙니다. 나의 목적은, 어디까지나 하나의 방향을 제시하고, 간소한 정신으로 생활을 고쳐 나가는 것이 얼마나 좋은 일인가를 전하는 것입니다.

현대인들이 살아가는 것을 보면, 간소한 정신이 얼마나 우리 사회에서 멀어졌는지 알 수 있습니다.

서로 다른 환경에 있는 개개인에게 이렇게 질문해 보세요.

"살아가기 위해 무엇이 필요합니까?"

어떤 대답이 돌아올지는 알고 계시겠지요. 이처럼 시사하는 바가 큰 답은 없습니다. 파리의 생활에 익숙해진 사람에게는, 자기의 구획 밖으로 나가 산다는 것 자체를 생각할 수 없는 듯합니다. 지금 사는 구획에는 깨끗한 공기, 기분 좋은 빛, 적정한 온도, 익숙한 음식이 있으니까요. 그런 것이 없다면 산책할 마음도 나지 않는다고 할 정도입니다.

부르주아에도 여러 계급이 있지만, '살기 위해서 무엇이 필요한가?'란 질문에는 하나같이 그 사람의 야심이나 교육 레벨에 따라 여러 숫자가 따라붙는 답이 돌아옵니다. 여기에서 말하는 교육이란 주거·복장·식사 같은, 밖에서 보이는 생활습관, 즉 표면적인 교육을 의미합니다.

그들은 일정액 이상의 급여나 연금 같은 수입이 있어야 생활의 시작이 가능하며, 그 이하로는 살아갈 수 없다고 말합니다. 그중에는 자기 재산이 최소한의 선보다 적어졌다는 이유만으로 자살하는 사람도 있습니다. 지금보다 힘든 생활을 할 정도라면 죽는 게 낫다는 겁니다. 그를 절망에 빠뜨린 최소한의 선은, 아마도 다른 이에게는 충분히 받아들일 수 있는 양이 아니었을까요? 검소한 생활을 하는 사람에게는 오히려 부러운 숫자일지도 모릅니다.

높은 산들에서는 표고標高에 따라 다른 식물을 볼 수 있습니다. 그곳에는 보통의 경작지도 있고, 삼림지나 목초지, 암석으로만 이루어진 토지나 빙하지대도 있습니다. 어느 기준보다 표고가 높아지면 보리는 생산할 수 없어도, 포도는 많이 볼 수 있습니다. 떡갈나무는 낮은 곳에서 자라지 않고, 전나무는 아주 높은 지역에서도 잘 자랍니다.

인간 세계도 마찬가지입니다. 재산의 산 꼭대기에는 성공한 은행가나 상류계급, 사교계에 출입하는 여성들을 볼 수 있습니다.

즉 여러 명의 고용인과 여러 대의 차, 거기에 도시와 지방에 몇 채의 건물을 소유하는 것이 절대적으로 필요한 사람들입니다.

조금 내려오면, 독자적인 습관이나 생활양식을 가진 유복한 중산계급의 사람들이 활기차게 생활하고 있습니다.

다른 지역에는 꽤 여유 있는 사람, 평균적인 사람, 검소한 사람 등 필요한 것이 다른 여러 종류의 사람들이 있습니다.

다음으로 하층계급의 사람들, 장인, 노동자, 농부 같은, 이른바 대중이 존재합니다만, 그들은 산등성이 작은 풀과 같이 빽빽이 돋아난 채 북적거리고 있습니다.

이처럼 인간은 사회의 여러 지역에서 살아가고 있습니다. 흩어져 성장하고 있지만 누구든 인간이라는 점에는 변함이 없습니다. 같은 인간임에도 불구하고 필요한 종류가 확연히 다르다는 점이 참으로 불가사의합니다.

같은 종류의 식물이나 동물은 같은 것을 필요로 합니다. 하지만 인간은 같은 동물임에도 필요한 것의 종류와 수가 사람에 따라 큰 차이를 보입니다.

불만을 말하는 사람은 만족한 적이 있는 사람

개개인의 성장과 행복을 위해, 나아가 사회의 발전과 행복을 위해, 더 많은 물건을 필요로 하고 소유하고자 하는 마음이 과연 옳은 걸까요? 바람직한 일일까요?

산의 식물과 다시 한 번 비교해 봅시다. 식물은 자신들에게 필요불가결한 것이 있으면 만족하고 살아갑니다. 인간사회는 어떤가요? 인간사회에서는 어떤 계급이라도 불만을 토로하는 사람들이 존재합니다. 필요최저한의 것마저 손에 넣을 수 없는 사람들은 제외하고 말이죠.

추위, 기아, 빈곤을 한탄하는 사람들과 불만을 토로하는 사람들을 동일시하는 것은 전혀 공정하지 않습니다. 내가 여기에서 주제로 삼고 싶은 건, 충분히 감내할 수 있는 조건 속에서 살아가고 있는 엄청난 수의 사람들입니다.

그들의 불만은 어디에서 온 걸까요? 충분하긴 해도 검소한 생활을 해야만 하는 사람들뿐 아니라, 부유층이나 사회계급의 정점에 있는 사람들에게조차 불만이 터져나오는 건 왜일까요?

"중산계급은 포식하고 있다"라고들 떠들지만, 정작 본인들도 그렇게 생각할까요? '이 정도면 충분해!'라고 말이죠. 아니오, 전혀 그렇지 않습니다. 부자 중에 만족하는 사람이 있다면, 그는 부자라서 만족하는 게 아니라 만족할 방법을 알고 있어서 만족하는 겁니다.

동물은 먹고 눕고 자면 만족합니다. 인간도 누워서 자지만, 계속 잠들어 있지는 않습니다. **인간은 충족감에 익숙해져서 충족감에 질리면 더 큰 충족감을 원합니다.**

인간은 먹을거리가 있다고 욕구가 진정되지는 않습니다. 오히려 먹으면서 다시 식욕이 돋습니다. 무슨 바보 같은 소리냐고 할지 모르지만, 이는 거짓 없는 사실입니다.

즉 가장 불만을 토로하는 사람은, 대부분 이미 많은 것을 가지고 있는 사람입니다. 그 사실은, 행복이란 필요한 물건의 숫자도 그것들을 만들어내려는 열의와도 관련 없음을 증명합니다. 모두가 이 진리를 가슴에 새겨야 합니다. 그렇지 않으면, 용기를 가지고 자기 욕구를 제한하지 않는 한, 욕구의 비탈길에서 조금씩 미끄러지고 말 테니까요.

욕구의 노예가 되지는 않았는가

먹고 마시고 자고, 멋을 내거나 산책하면서 자신에게 주어진 모든 것을 손에 넣기 위해 사는 사람은 욕구의 비탈길에 발을 디밀고 있는 겁니다.

햇볕을 쬐고 있는 한량, 만취한 노동자, 자기 배를 채우는 것밖에 생각하지 않는 부르주아, 꾸미는 것 말고는 흥미가 없는 여성, 하층계급의 노름꾼, 상류계급의 난봉꾼, 물질적 욕구에 간단히 굴복하는 호구에 통속적인 향락주의자… 그들은 모두 욕구의 비탈길에 서 있습니다.

욕구의 비탈길은 숙명과도 같습니다. 그곳에 서 있는 사람들은 경사를 구르는 물체처럼 새로운 환상이 끊이지 않고 생겨나 멈출 줄 모릅니다. 그들은 이렇게 말하겠지요.

"무슨 짓을 해서라도 갖고 싶은 '저것'을 향해 앞으로 몇 발만 더 딛어 보자, 이게 마지막이니까…"

정신을 차려 급하게 멈추려고 해도, 속도가 붙어서 멈출 수 없습니다. 나아갈수록 가속이 붙어 저항할 수 없게 되니까요.

여기에 현대인의 불안과 격렬한 욕구의 비밀이 숨어 있습니다. 자기 의지를 욕망의 노예로 삼아버렸기에 자업자득으로 벌을 받습니다. 욕망이라는 냉혹한 야수의 먹이가 되어 살이 뜯기고 뼈가 깎이고 피를 빨리지만, 그래도 야수는 만족하지 않습니다.

나는 딱히 여기에서 뭔가 굉장한 교훈을 펼치고자 하는 게 아닙니다. 사방에서 들리는 진리를 정리하면서 인생의 조언에 귀 기울일 뿐입니다.

알코올의존증이 있는 사람은 새로운 마실거리를 발명하기에는 안성맞춤이겠으나, 갈증을 해소하는 수단을 발견했던가요? 아니오, 알코올의존증은 오히려 갈증을 증폭시켜 억제할 수 없게 만듭니다. 방종은 관능의 자극을 무디게 할 수 있을까요? 아니오, 오히려 흥분시켜 병적인 망상이나 고정관념으로 변하겠지요.

당신의 욕구를 풀어놓아 보세요. 불을 향해 뛰어드는 나방처럼 늘어나겠지요. 주면 줄수록 원하게 될 것입니다.

충족감만으로 행복을 구하는 사람은 양식良識이 없습니다. 그것은 마치 다나이데스*의 구멍 뚫린 통을 가득 채우는 것과 같습

---

* 그리스신화에 나오는 다나오스 왕의 딸들. 남편을 죽인 벌로 지옥에서 구멍이 뚫린 용기에 물을 채우고 있다.

니다. 수백만 프랑을 가지고 있는 사람은 수백만 프랑으로는 부족해지고, 수천 프랑을 가지고 있는 사람은 수천 프랑으로는 부족해집니다. 20프랑 동전이 부족한 사람도 있고, 100수[*]의 동전만 부족한 사람도 있습니다.

요리용 닭이 있으면 거위를 원하고, 거위가 있으면 칠면조를 원하는 것처럼 욕망은 끝없이 계속됩니다. 이 경향이 얼마나 해로운 것인지!

상류계급을 흉내 내고 싶어 하는 소시민, 부르주아인 척하는 노동자, 부잣집 딸처럼 행동하는 서민의 딸, 사교계의 사람들을 흉내 내는 보잘것없는 임금노동자… 이런 사람들이 너무도 많습니다.

유복하면서도 온갖 오락을 즐기느라 자기 재산으로는 부족하다고 믿으며, 재산의 값어치 있는 쓰임새를 잊은 사람이 얼마나 많은지요. 우리의 욕구는 본래 도움이 되어야 하는 것일진대 떠들썩하고 감당할 수 없는 군중 같습니다. 아니, 지금은 마치 한 떼거리의 폭군입니다.

---

[*] 옛날 프랑스 동전 단위. 1프랑이 100상팀으로 1수가 5상팀에 해당한다.

욕구의 노예로 전락한 사람은, 코에 고리를 꿰어 춤을 추게 하는 곰과 같습니다. 불쾌한 예라고 생각할지 모르겠으나, 사실 말 그대로입니다. 욕구에 끌려 다니며, 얼마나 많은 사람들이 소리치며 뛰어다니고, 자유나 진보에 대해 떠들어 대는지요. 욕구라는 주인을 거스르지 않는 한 자기 인생을 살아갈 수 없습니다.

도대체 얼마나 많은 인간이 필요 이상의 과한 욕구를 위해 간소하게 사는 것을 참지 못하고, 점점 파렴치한 행위를 하게 되었는지…. 파리의 감옥에서는 과한 욕구의 위험성에 대해 도도하게 이야기하는 죄인이 많습니다.

불필요한 사치로 무디어지는 마음

한 성실한 남자의 이야기를 해보겠습니다.

그는 아내와 자식들을 깊이 사랑했습니다. 직업이 있었고, 프랑스에서 나름 여유 있는 생활을 하고 있었습니다. 그러나 그 여유는 아내의 사치 욕구를 만족시키기에는 터무니없이 모자랐습니다. 아주 조금이라고 간소함을 마음에 새겼더라면 충분히 안락한 생활이었을 텐데, 언제나 돈이 모자라서 허덕였습니다. 결국 그는 가족을 프랑스에 남겨둔 채 멀리 식민지까지 일하러 가게 되었습니다.

이 불행한 남자가 무슨 생각을 했는지는 모릅니다. 하지만 가족은 이전보다 멋진 아파트에 살면서 좋은 옷을 입고, 고용인들을 채용했어요. 가족은 아주 만족한 듯 보였습니다. 그러나 곧 그 사치에 익숙해져 '이 정도는 별거 아니야'라고 생각할 겁니다. 시간이 좀 지나면 부인은 집안의 가구가 뭔가 부족하다고 느끼겠지요. 남에게 보이기 위한 고용인을 또 채용할지도 모르죠. 그리고 남자가 아내를 사랑한다면―그건 의심할 여지도 없지만― 더 높은 급료를 받기 위해서라면 달에라도 가겠지요.

반대인 경우도 있습니다. 아버지가 노름에 미쳐 가장으로서의 의무를 완전히 저버리고, 아내와 아이들이 그 희생양이 된 예도 있습니다. 그는 본인의 욕구와 아버지로서의 역할 사이에서 고민 끝에 전자를 택하여 점점 저속한 에고이즘으로 흘러갑니다.

이처럼 자존심을 잊고 고상한 감정이 점차 둔감해지는 현상은, 유복한 계급의 난봉꾼에게만 보이는 건 아닙니다. 원래라면 소박하면서도 행복한 가정이었을 텐데, 애달픈 어머니는 밤낮으로 노동에 시달리고, 아이는 신발도 신지 못한 채 다음 끼니를 걱정해야 합니다. 우리는 그런 이들을 많이 보아 왔습니다.

왜 그렇게 되는 걸까요? 대부분은 아버지가 돈을 다 허비하기 때문입니다. 20년이나 술에 쩔어 지내면, 거기에 들어간 돈은 막대해집니다. 실제로 1870년 보불전쟁 배당금의 두 배까지도 되는 금액입니다.

부당한 욕구를 만족시키기 위해 내쳐버린 것으로 얼마나 많은 정당한 욕구를 채울 수 있었을지요. 욕구가 지배하면 연대는 생겨나지 않습니다. 오히려 반대가 됩니다. 자기를 위해 필요한 것이 많아질수록, 주변 사람을 위해 할 수 있는 일은 적어집니다. 그 주변인이 비록 친척일지라도 말입니다.

미래에 부채를 지우고 있지는 않은가

욕구에 지배당하면 행복감이나 자립심, 사소한 배려, 나아가 연대감이 작아집니다. 공공의 재산이나 보건위생에도 영향을 미칩니다. 너무도 큰 욕구에 지배당한 사회는, 과거 가능했던 일을 희생 삼고 미래도 산 제물로 바칩니다. '나중 일은 어떻게 되든 상관없다!'라는 것이지요.

가령, 조금이라도 땔감을 더 만들기 위해 삼림을 벌채하고, 아직 익지 않은 푸른 보리를 먹고, 오랜 기간 고생해서 만든 것을 하루아침에 부셔버리고, 온기를 느끼기 위해 가구를 불태우고, 지금 순간을 즐겁게 지내기 위해 미래에 부채를 지우고, 닥치는 대로 생활하고, 내일을 위해 고난과 병, 파산, 부러움과 원한의 씨를 뿌립니다. 이 나쁜 욕구의 해악을 들자면 한이 없습니다.

간소한 욕구로 만족하면 이런 거북함은 전부 피할 수 있고, 오히려 많은 이익을 얻을 수 있겠지요. 절식이나 절제가 건강에 좋다는 것은 예로부터 잘 알려진 사실입니다. 절제하는 사람은, 존재를 위협하는 참혹함을 느끼는 일 없이, 건강과 의욕과 지적 밸런스를 보증받습니다. 의식주가 어떻든 기호의 간소함은 자립심과 안심감의 근원이 됩니다. 간소하게 생활할수록 당신의 장래는 지켜지고 있다는 말입니다. 예상외의 일이나 불운에 농락당하는 일도 적어질 겁니다.

병이 나서 일을 그만두어야 하는 정도로는 생활이 곤궁해지지 않겠지요. 환경이 아무리 변해도 자신을 잃는 일도 없을 겁니다. 욕구가 간소하면 운명의 장난에 순응하는 일도 그다지 고통스럽지 않습니다.

가령 지금까지의 지위나 돈을 잃는다 해도, 확실히 인간으로서 있을 수는 있겠지요. **당신 삶의 방식을 지탱하는 기초는 가구도, 지하창고도, 고가의 물건도, 적금도 아니기 때문입니다.**

간소한 욕구만 있다면, 역경을 만나도 젖병을 빼앗긴 갓난아기처럼 울음을 터뜨리지 않을 겁니다. 싸우기 위해 몸을 단련하고, 적에게 잡히는 일도 없고, 주변 사람에게 도움이 되는 존재가 되겠지요. 사치품을 휘감거나 돈을 사용해서 부정한 일을 저지르는 일도, 누군가에게 기생하여 살아가는 일로 질투나 저속한 욕구를 불러일으킬 일도, 비난당할 일도 없겠지요.

자기 충족감을 위해 필요한 것이 남보다 적으면, 그만큼 타인의 충족감을 위해 일하는 수단을 계속 지닐 수 있습니다.

7

간소한 즐거움

지금의 시대를 즐겁다고 생각합니까?

나는 전체적으로 슬픈 시대란 생각이 듭니다. 이는 그저 개인적인 감상만은 아닙니다. 현대인의 삶을 보거나 들으면, 아쉽게도 그다지 인생을 즐기는 것 같지 않기 때문입니다.

물론 현대인이 즐기려고 하지 않는다는 게 아닙니다. 하지만 제대로 즐기고 있지는 않은 듯합니다. 어째서일까요?

정치나 경제 탓이라고 말하는 사람도 있고, 사회 문제나 군국주의 탓이라고 말하는 사람도 있겠지요. 우리의 골칫거리들을 열거하자면 끝이 없습니다.

걱정만 하지 말고 조금은 즐겨 봅시다. 다만, 즐겁게 식사하기에는 수프에 후추가 너무 많이 들어간 것처럼, 우리는 늘 성가신 일을 잔뜩 안고 있어서 금세 기분을 망쳐버립니다. 아침부터 밤까지 어디를 가든 바빠 보이고, 초조하고, 걱정 가득한 얼굴들을 만나겠지요.

어떤 사람은 정치적인 이간질에 휘말려서 화가 났습니다. 어떤 사람은 문학과 예술 세계의 비열한 수법과 질투에 싫증을 느낍니다. 상업계의 경쟁도 잠을 방해하고, 해야 할 일이 너무 많은 연구 프로그램이나 너무 바쁜 일도 젊은이들의 생활을 엉망으로 만듭니다. 노동자 계급은 산업 경쟁의 영향을 그대로 받습니다.

정치가의 위엄이 계속 떨어지니 정치는 불쾌한 일이 되고, 교사를 향한 존경심이 줄어드니 가르치는 일도 전혀 즐겁지 않습니다. 어디로 눈을 돌리든 불만의 씨앗만이 가득합니다.

기쁨은 자기 안에 있다

역사적으로 보면, 현대와 마찬가지로 목가적인 평온함을 볼 수 없는 시대도 있었습니다. 그러나 여러 중대 사건이 일어났음에도 불구하고, 그 시대 사람들은 쾌활함을 잃지 않았습니다. 시대의 답답함, 내일에 대한 불안, 사회적 충격이 오히려 새로운 활력원이 된 것처럼 보입니다.

전투의 사이사이 가끔 병사들은 노래를 부릅니다. 인간의 기쁨이란, 장해가 가득한 가장 힘든 시대에 가장 아름다운 성과를 올린다고 해도 과언이 아닙니다.

전투 전에 평안히 잠들거나, 전투의 혼란 속에도 노래를 부르기 위해서는 내면에 그만큼의 동기가 있어야 합니다. 현대의 우리에게는 그 동기가 결핍되어 있습니다.

기쁨이란 대상 속에 있는 게 아니라 자신 안에 있는 겁니다.

기쁨은 사람에게서 사람으로 전염됩니다. 또한 우리를 좀먹는 불쾌감이나 짜증의 원인은 외적 상황만이 아니라 우리 내면에도 존재합니다.

마음으로부터 즐기기 위해서는 스스로가 단단한 기초 위에 있음을 느끼고, 인생을 믿고, 본인의 삶을 지켜야 합니다. 이것이 바로 현대의 우리에게 모자란 부분입니다.

행복해지는 능력을 연마하다

오늘날 대부분의 사람이 인생과 불협화음을 내고 있습니다. 심지어 젊은이들까지도요. 나는 고뇌하는 철학자를 말하는 게 아닙니다. '결국 아무것도 존재하지 않는 편이 나았어'와 같은 속내를 품고 있다면, 어떻게 인생을 즐길 수 있겠습니까?

게다가 오감을 너무 자극한 나머지 현대인의 활력은 불안할 정도로 약해져 있습니다. **무엇이든 과잉은 인간의 감성을 망가뜨**

려 행복해지는 능력을 떨어뜨립니다.

인간은 너무 기발한 것을 몰아붙이면 찌그러지고 맙니다. 살고자 하는 의지는 깊이 상처 입었음에도 계속 존재하며, 때로는 부자연스러운 수단으로 생을 연장하려고 합니다. 의료의 영역에서 인공호흡, 인공영양, 전기요법 같은 것에 의존하면서요.

마찬가지로 빈사 상태의 쾌락 주변에는, 어떻게든 쾌락을 소생시켜 활기를 되찾고자 많은 사람들이 쫓아옵니다. 온갖 기묘한 수단을 생각해 내고, 그것을 위해서는 비용도 아까워하지 않습니다. 가능하든 불가능하든, 일단 모든 것을 시도해 왔습니다.

하지만 어떤 복잡한 증류기를 사용해도 진정한 기쁨은 한 방울도 추출할 수 없었습니다. 즐거움과 즐거움을 위한 도구를 혼동해서는 안 됩니다.

화가가 되기 위해서는 붓을 잡는 것만으로 충분할까요? 음악가가 되기 위해서는 고가의 스트라디바리우스가 있으면 충분할까요? 아무리 훌륭하고 아무리 세련된 도구 일체를 갖추었다 해도 그것만으로는 충분하지 않습니다.

한편, 위대한 화가는 석탄 조각만 있어도 불멸의 작품을 만들어낼 수 있습니다. 그림을 그리기 위해서 재능이 필요한 것처럼,

즐거움을 위해서도 행복해지는 능력이 필요합니다.

행복해지는 능력만 있다면 누구나 아주 작은 대가로 즐길 수 있습니다. 이 능력은 부자연스러운 삶이나 악습에 의해 깎이고, 자신감 · 절도節度 · 매일의 활동 · 사고 습관에 의해 채워집니다.

꽃이 향기를 가져오는 것처럼, 간소하고 건전한 생활을 하면 어디서든 즐거움을 느낄 수 있다는 게 그 증거입니다. 그것은 또한, 즐거움을 바로 찾아낼 수 있다는 증거이기도 합니다.

가령, 곤란함을 동반하는 무언가에 방해받아서 당연하다고 여겼던 것마저 빼앗긴 생활이라고 해도, 거기에는 기쁨이라는 이름의 희귀하고 섬세한 식물이 싹을 틔웁니다. 그 식물은 **빽빽이** 깔아놓은 포석 사이에서도, 바위의 틈새에서도 자라납니다. 대체 어디에서 어떻게 생겨난 걸까 의아한 곳까지도 그 식물은 살아남습니다. 반대로, 온실이나 충분한 비료를 준 토지에 옮겨 심으며 돈을 쏟아부어 재배하려고 하면 한순간에 색이 바래며 손가락 사이에서 말라버릴 겁니다.

희극을 보며 가장 즐거워하는 관객이 누구냐고 배우들에게 물으면 '아주 평범한 서민'이라고 답할 것입니다. 그 이유를 유추하는 일은 그다지 어렵지 않습니다. 생활에 쫓기는 서민에게 희극을 보는 일은 비일상적 행동입니다. 몇 번이나 봐서 질릴 일이 없는 겁니다.

희극은 또한 서민의 과도하게 짓눌린 피로를 푸는 휴식이기도 합니다. 성실하게 일해서 번 돈으로 그 즐거움을 손에 넣는 것이죠. 그들은 땀을 흘려 번 돈의 가치를 알듯 그 즐거움의 가치도 압니다. 비록 아주 적은 금액이라고 할지라도 말이죠.

게다가 그들은 분장실에서 일어나는 일이나 배우들의 기싸움, 무대 뒤의 거래에 대해서도 전혀 알지 못하기에 무대 위에서 펼쳐지는 일을 마치 실제 일처럼 느낍니다. 그래서 순수한 즐거움을 얻을 수 있는 겁니다. 칸막이 자리에서 모노클을 빛내며, 큰소리로 웃고 있는 서민에게 조소의 시선을 던지는 회의주의자가 이렇게 말하는 것이 들리는 듯합니다.

"어리석고 가련한 무리여, 무지한 시골뜨기들 같으니!"

그러나 서민이야말로 참되게 살아가는 존재입니다. 앞서 말한 사람은, 솔직한 즐거움에 단 한 시간도 취할 수 없는 인공적인 마네킹 같은 존재입니다.

잃어가는 소박한 기쁨

안타깝게도 소박함은 서민 사이에서도 모습을 감추고 있습니다. 먼저 도시 사람들부터 시작하여 결국에는 시골 사람들에게까지, 그런 좋은 전통이 점점 사라지고 있습니다.

술과 도박, 불건전한 서적으로 말미암아 추락한 정신은 조금씩 병적인 취미에 빠져듭니다. 지금까지 간소했던 환경에 가짜가 비집고 들어옵니다. 포도나무가 갑자기 벌레를 타듯 질박한 기쁨이 넘치던 늠름한 나무에 수액이 마르고 잎이 바랩니다.

가령 고풍스러운 전통을 중시하는 시골 축제와 '현대적'이라 자부하는 마을 축제를 비교해 봅시다.

전자는 예스러운 분위기 속에서 늠름한 시골 사람들이 고향의 노래를 부르고, 향토 의상을 입은 채 고향의 춤을 추고, 직접 재배한 작물로 만든 천연 음료를 마시고… 완벽하게 스스로 즐기는 법을 압니다.

대장장이가 철을 단련하고, 폭포의 물이 떨어지고, 망아지가 목장을 뛰어다니듯 사람들은 자연을 즐깁니다. 그 기분은 주변에도 전해져서 모두의 마음을 사로잡습니다. 보고 있던 이는 무의식 중에 '좋아, 너무 좋아!'를 마음속으로 외치며, 함께 어울리게 해 달라고 말을 건네겠지요.

한편, '현대적'이라 자부하는 마을의 축제에는 도시인을 흉내 낸 마을 사람들과 유행하는 옷을 빼입은 탓에 어색해진 아낙네들이 있습니다.

카바레에서 가요를 흥얼거리는, 가락도 맞지 않는 무리가 축제의 최대 볼거리입니다. 때로는 주빈석에 지방을 전전하는 삼류 배우가 앉아 있습니다. 시골 사람들에게 세련된 즐거움을 가르쳐주고자 온 무리입니다.

음료는 감자 소주를 베이스로 한 리큐르나 아브산 *absinthe*[*]. 독창성도 없고, 그림이 될 만한 아름다움도 없습니다. 거기에는 무관심과 조악함은 있을지언정, 소박한 즐거움을 낳는 자유분방함은 찾아볼 수 없습니다.

---

[*] 압생트쑥을 주요 감미료로 한 리큐르로, 알코올 70%의 녹색 양주.

사람을 즐겁게 하는 비결

이 즐거움의 문제가 중요합니다. 냉소적인 사람들은 대부분 이를 시시한 것으로 여겨 무시하고, 실리를 중요시하는 사람들은 돈 드는 쓸데없는 일이라고 치부합니다. '노는 사람'으로 불리는 사람들은, 정원을 망치는 멧돼지처럼 미묘한 영역을 휘젓는 것뿐이라고 생각합니다. 인간에게 기쁨이 얼마나 큰 이익을 가져오는지에 대해서는 아무도 관심이 없는 것 같습니다.

기쁨이란 인생에 한 줄기 빛을 던지는, 소중히 키워야 할 성스러운 불씨입니다. 기쁨을 유지하고자 하는 사람은, 다리를 건설하거나 터널을 파거나, 땅을 경작하는 것과 맞먹을 정도로 이익 내는 일을 하는 겁니다. 그들처럼 행동하면 고난이나 고통 속에서도 행복을 유지하는 능력을 가질 수 있어서, 그것이 동료들 사이에 퍼지면 '연대 작업'을 수행할 수 있습니다.

타인에게 작은 즐거움을 주어 걱정스러운 미간을 넓히고, 어두운 길에 희미한 빛을 밝히는 것은, 인간으로서 실로 숭고한 역할입니다. 마음이 간소해야만 이 역할을 다할 수 있습니다.

우리는 스스로 행복해지고 타인들도 행복하게 만들 정도로 간소하지는 않습니다. 선량함과 스스로를 해방시키는 자세가 모자라는 겁니다.

우리는 '역효과'라고도 불리는 방법으로 기쁨이나 위로를 전하려 합니다. 가령 사람을 위로할 때는, 그의 괴로움을 부정하거나 고통을 주제로 토론하면서 '당신이 스스로 불행하다고 생각하는 것은 틀렸다'라며 설득하려고 기를 씁니다. 이 말을 번역하면 진짜 의미는 이렇습니다.

"친구여, 네가 괴롭다는 건 이상하다. 잘못되었다. 왜냐하면 나는 전혀 느끼지 못하겠으니까!"

괴로움을 줄이는 유일한 수단이 마음으로부터 그 괴로움을 공유하는 것이라면, 이런 방법으로 위로받는 상대는 대체 무슨 생각이 들까요?

마찬가지로 기분 전환이 될 정도로 즐거운 시간을 만들어주고 싶을 때도 우리는 똑같이 행동합니다.

상대에게 자신의 재능을 칭찬하도록 만든다든가, 조크로 웃기려고 한다든가, 자기 집을 몇 번이고 방문하게 한다든가, 함께 식사할 때도 자기를 과시하려는 마음이 곳곳에 숨어 있습니다. 때로는 마치 비호자의 관대함인 듯 자기들이 선택한 방법으로 기분 전환을 베풀어 주고, 때로는 돈을 우려내려고 함께 트럼프를 하자는 말을 꺼내기도 합니다.

상대에게 진짜 멋진 즐거움이란 무얼까요? 우리를 극구 칭찬하고, 우리의 우월함을 인정하여 우리의 도구가 되는 걸까요? 자신이 이용당하고, 보호받고, 박수 치는 역할이라는 사실을 느끼는 것만큼 불쾌한 일이 있을까요?

타인에게 즐거움을 주고 나 자신도 즐겁기 위해서는 먼저 미워해야 할 '나'를 멀리해야 합니다. 기분 전환을 하는 사이에는 '나'를 쇠사슬에 묶어두어야 합니다. 아이처럼 솔직하고 붙임성 있는 사람이 됩시다. 메달이나 훈장, 직위는 반납하고, 진실된 마음으로 남을 위한 일을 해보지 않으렵니까?

때로는 그저 한 시간이라도 타인을 미소 짓게 하는 데 전념해 봅시다. 그것은 희생처럼 보이지만, 그렇지 않습니다. 주변 사람들에게 작은 행복을 가져다주고, 기분 나쁜 일은 잊을 수 있게 거침없이 자기를 바치는 사람이야말로 '즐거움의 달인'입니다.

언제가 되어야 우리는 일상생활 속에서 신경을 곤두서게 만드는 일에 마음을 빼앗기지 않는 단순한 인간이 될 수 있을까요? 정치적 주장이나 사회적 지위 따위 잊고, 단 한 시간만이라도 어린아이로 돌아가서 많은 선을 만들어내고, 인간을 보다 선하게 만드는 선량한 미소를 지을 수는 없는 걸까요?

슬픔 속에 즐거움을 넣다

시점을 조금 바꾸어, '즐거움'이라는 관점에서 등한시되었던 사람들에게도 주의를 기울여봅시다.

빗자루는 청소하는 일에만, 물뿌리개는 물을 뿌리는 일에만, 커피 분쇄기는 커피콩을 가는 데만 도움이 된다고 생각합니다. 마찬가지로 간호사는 환자를 돌보기 위해, 교사는 가르치기 위해, 신부는 설교하거나 장례식을 주관하거나 고해성사를 듣기 위해, 보초는 망을 보기 위해 존재한다고 생각하기 마련입니다. 그리되면 가장 착실히 일하는 사람들은 그저 농경용 소처럼 스스로 주어진 직무를 완수하는 운명라는 결론이 납니다. 이때 기분 전환은 그런 활동과는 양립할 수 없습니다.

이런 견해를 넓혀 보면, 병자나 깊은 슬픔에 빠진 사람, 파산한 사람, 인생의 패배자나 무거운 짐을 진 사람들은 즐거움이 필요하다고 생각해서도 안 된다는 말이 됩니다. 즉, 그들에게 즐거움을 제공하는 일은 도리에 맞지 않는다는 결론에 이릅니다.

비탄에 빠진 사람들에게 슬픔의 실을 잘라내는 것은, 섬세함이 모자란 행위가 되는 거지요. 즉, 항상 준엄한 태도를 고집하는 사람에게는 이쪽도 엄숙한 얼굴로 다가가서 고지식한 이야기밖에 할 수 없게 됩니다.

마찬가지로, 환자 병문안을 갈 때는 문 앞에서 미소를 지우고, 불행한 사람을 만나러 갈 때는 비통한 표정으로 애절한 대화를 이어가야만 합니다. 그리하여 어둠 속에 있는 이에게는 어두운 이야기를, 그늘 안에 사는 이에게는 그늘진 이야기를 가지고 갑니다.

이렇게 우리는 고립된 사람을 점점 더 고립시키고, 음울한 생활을 더욱 단조롭게 만듭니다.

이런 태도는 그 사람들을 독방에 가두는 꼴입니다. 인기척 없는 그들의 집 주변이 잡초투성이라고 해서 마치 무덤에 다가가듯 소리를 죽이니까요.

세상에서 매일 일어나는 이처럼 잔혹한 행동을 대체 누가 알아차리고 있나요? 이대로는 안 됩니다.

삼엄한 일을 하고, 빈곤한 이들을 위해 매일 봉사하고, 상처를 치료하는 등 힘든 역할을 자처하는 사람이 주변에 있다면, 그들도 당신과 같은 인간이며, 같은 욕구를 품고, 즐거움이나 망각이 필요한 때도 있다는 것을 기억하십시오.

수많은 눈물과 고통을 봐온 사람들을 웃게 만들었다고 그들을 그 사명에서 일탈시키는 게 아닙니다. 오히려 힘든 일을 계속할 수 있도록 기운을 북돋아 주는 일이 되겠지요.

험한 시련이 덮친 가족이나 깊은 슬픔에 의욕이 꺾인 사람이 있다면, 마치 전염병 환자를 대하듯 격리용 밧줄을 둘러서는 안 됩니다. 당신이 그 밧줄을 조심스럽게 걷어내려는 모습을 보는 것만으로도 그들은 자신의 슬픈 처지를 떠올리게 될 테니까요.

마음속에서 우러나온 동정을 보이고, 지금까지 견뎌온 고통에 경의를 표한 다음, 그들을 위로하고 삶을 도와 바깥 공기를 쐬게 합시다. 그렇게 하면 '아무리 불행하다고 해도 이 세상에서 배제된 것은 아니야!'란 사실을 그들 스스로 떠올릴 계기가 되겠지요.

일에 관계된 사람들 모두에게 배려를 보이세요. 절대 쉬지 않고, 즐거움도 없이, 마치 희생자처럼 사는 사람이 세상에는 많습니다. 그런 사람에게는 잠깐의 자유와 휴식이 큰 은혜가 됩니다.

그 일이 생각나는 것만으로도 쉽게 위안 받을 수 있습니다.

빗자루를 보며 '바닥 쓰느라 힘들겠다'란 생각은 않는 것처럼, 우리는 항상 최전선에서 일하는 사람들이 얼마나 피곤한지 보려고도 하지 않습니다. 바로 이 죄스러운 습관을 버려야 합니다.

국경을 지키는 보초 일을 교대해 주고, 시시포스*를 한 시간이라도 쉬게 해주어야 하지 않겠습니까? 가사와 육아로 노예처럼 세월을 보내는 주부를 위해 잠깐이라도 대신해 줍시다. 환자를 간호하느라 밤샌 사람을 조금이라도 잠들게 해줍시다. 요리하느라 산책이 뒷전이 된 아가씨의 앞치마를 벗기고 대신 초원의 열쇠를 건넵시다. 그렇게 사람들을 행복하게 만든 당신은 스스로도 행복해질 겁니다.

우리 주변에는 무거운 짐을 진 사람들이 많습니다. 잠시만이라도 그 짐을 대신 짊어져 줄 수 있지 않겠습니까.

비록 짧은 시간이라 할지라도, 휴식은 사람들의 마음속에서 고통을 진정시키고 기쁨이 되살아나게 합니다. 그것만으로 선의의 큰길을 여는데 충분합니다.

---

* 그리스신화에서 굴러내리는 바위를 다시 산 정상까지 올려놓아야 하는 벌을 받은 인물. 무익하고 희망 없는 노동자의 상징이 됨.

진실된 마음으로 상대의 입장이 될 수 있다면 서로를 훨씬 잘 이해할 수 있겠지요. 그리되면 삶이 얼마나 즐거워지겠는지요.

즐거움을 위해 돈은 필요 없다

젊은이들 사이의 즐거움에 대해서는 여기서 자세히 서술하지 않겠습니다. 다만, 아무리 반복해도 부족한 몇 가지만 짚고 넘어갑시다.

젊은이들이 도덕을 중요시 여기길 바란다면, 그들의 즐거움을 가벼이 여기지 마세요. 그들이 가능한 한 즐거움을 만끽할 수 있도록 도와야 합니다.

이렇게 말하면, "요즘 애들은 구속당하는 걸 싫어하고, 어리광쟁이로 커서 놀기만 하지 않겠어?"라고 반론할 수도 있습니다. 그에 대한 내 대답은 이렇습니다.

첫째, 아무 제약 없이 즐거움의 아이디어를 주고, 방향성을 제시하고, 즐거움의 기회를 만들어줄 수 있습니다.

둘째, '젊은이들이 너무 놀기만 한다'라고 느낀다면, 그것은 잘못된 생각입니다. 인생을 꽃피우고 찬란하게 반짝이는 대신, 오늘날의 젊은이에게는 인생을 시들게 만드는 퇴폐적인 가짜 즐거움 외에 남은 것이 거의 없습니다.

적절한 사용과는 전혀 반대 개념인 '남용'이 세상을 어지럽히는 탓에 지금은 더럽혀지지 않은 것을 만나기 어려워졌습니다. 그러므로 몸을 지키고, 금지하고, 진중해질 필요가 있습니다. 불건전한 즐거움과 닮은 모든 것을 피하려고 하면 거의 꼼짝할 수 없게 됩니다.

현대의 젊은이, 특히 인간으로서의 존엄을 잃지 않은 젊은이에게 즐거움의 부족이 깊은 고뇌를 불러일으킵니다. 향이 풍부한 와인을 빼앗겼는데 안 불편할 수가 있나요? 이런 상태가 지속되면 젊은 세대의 머리 위에 드리운 암운은 점점 두꺼워지겠지요.

그들을 구하러 가야 합니다. 그렇지 않으면 우리의 아이들은 어두운 세상을 물려받게 됩니다. 이대로라면 우리가 그들에게 남기는 것은, 커다란 불안과 성가신 문제, 족쇄와 복잡함이 얽어맨 인생입니다.

최소한 그들 시대의 새벽을 조금이라도 밝게 비추고자 노력합시다. 즐거움을 만들어내고, 은신처를 준비하고, 우리의 마음과 집을 개방하여 열어둡시다. 가족을 우리의 놀이에 끌어들여 보자고요.

음산한 가정에서 거리로 나가버린 아들들, 고독과 지루함에 빠진 딸들을 불러 모읍시다. 가족 기념일을 축하하고, 가족만의 조촐한 외출을 늘립시다. 집 안에서는 모두가 늘 기분 좋은 상태로 있도록 만드는 겁니다.

학교도 끌어들입시다. 초등학생부터 대학생까지, 선생님과 학생이 자주 함께 놀아야 합니다. 그러면 공부도 더 순조롭게 진행될 겁니다. 아이가 선생님을 잘 알기 위해서는 함께 웃는 것이 제일입니다. 또 교사가 학생을 이해하기 위해서는 교실이나 시험장 외에서 학생의 모습을 보아둘 필요가 있습니다.

"그런데… 그러기 위한 돈은 누가 냅니까?"

누군가는 이렇게 묻겠지요. 이거야말로 대단한 오해입니다.

대부분의 사람은 즐거움과 돈을 한 마리 새의 두 날개라고 생각합니다. 이게 무슨 착각인가요? 이 세상에서 참으로 귀한 모든 것과 마찬가지로, 즐거움은 팔 수 있는 것도 살 수 있는 것도 아닙니다. 즐기기 위해서는 가슴을 펼 필요가 있습니다. 그게 중요합니다.

도움이 된다고 생각한다면 당신의 지갑을 열어도 상관없습니다. 하지만 절대적으로 필요하진 않을 거라고 나는 단언합니다. 즐거움과 간소함은 옛날부터 아주 친한 친구입니다.

돈 들이지 말고 즐깁시다.

간소하게 사람을 맞이하고 간소하게 모입시다.

일단은 열심히 일합시다.

붙임성 있게 행동하고, 가능한 당신 동료들에게 성실합시다.

그 자리에 없는 사람의 험담은 하지 맙시다.

그러면 분명 잘될 겁니다.

8

돈과 간소함

'돈에는 마법의 힘이 있다'라는, 널리 알려진 편견에 대해서는 이미 봐왔습니다. 이런 어려운 문제를 주제로 꺼내놓았으니, 더 이상 피할 수만은 없겠습니다. 여기에 몇 가지 진리가 있다고 확신하는 이상 발을 들여놓는 수밖에요. 어떤 진리도 새롭지 않지만, 얼마나 잊혔던 것인지요!

우리는 돈 없이 살아갈 수 없습니다. '돈이야말로 모든 악의 근원'이라고 부르짖는 이론가나 정치가가 여태 할 수 있었던 건, 돈의 이름이나 형태를 바꾸는 것뿐이었습니다. 하지만 그들 또한 상품 가치를 표현하는 표식은 어떤 식으로든 꼭 필요했겠지요.

돈을 없애려고 하는 건 문자를 없애려는 것과 같습니다. 그래도 역시 돈 문제가 마음을 어지럽힌다는 사실은 변하지 않습니다. 이 문제는 우리의 복잡한 삶에 중요한 요소를 만들어냅니다.

우리가 맞서 싸우고 있는 경제적 곤란이나 사회적 결정, 현대 생활 전체가 돈을 너무도 탁월한 존재로 올려놓은 이상, 인간이 돈에 충성을 맹세하는 것도 놀랄 일은 아닙니다. 돈의 그런 측면으로부터 이 문제에 접근해 봅시다.

인생은 돈으로 복잡해진다

돈은 '상품'이라는 단어와 한 쌍을 이룹니다. 상품이 없으면 돈도 존재하지 않지요. 그러니 상품이 있는 한 돈이 필요합니다.

'상품'이란 단어와 개념에는 본래 전혀 관계없는 것이 한데 섞여 있습니다. 이 혼동 가운데 돈을 중심으로 하는, 이른바 낭비의 근원이 있습니다. 즉, 본래 어떤 가치도 가질 수 없고 어떤 가치도 가져서는 안 되는 것에 우리는 돈으로 살 수 있는 가치를 주려고 했던 겁니다. 매매라는 개념은, 익숙해지기는커녕 적이라고 볼 수도 있는 영역까지 침입했습니다.

가령 보리나 감자, 와인이나 옷감이 사고 팔리는 것은 당연한 일입니다. 인간은 노동함으로써 살아가는 권리를 손에 넣고, 그 권리를 나타내는 가치를 수중에 넣는 것도 아주 자연스러운 일입니다.

그렇다고 인간의 노동 또한 보리나 감자처럼 사고파는 것이라는 생각은 받아들일 수 없습니다. 인간의 노동은 한 자루의 보리나 1톤의 석탄과 같은 의미의 '상품'은 아니니까요. 인간의 노동에는 화폐로는 평가할 수 없는 요소가 있습니다.

더욱이 돈으로 살 수 없는 것도 있습니다. 가령 수면, 미래를 아는 일, 재능 같은 것들입니다. 그런 것들을 팔려고 하는 사람은 머리가 이상하거나 사기꾼이겠지요. 그럼에도 그런 것들로 돈을 모으려는 무리가 있습니다. 그들은 자기 소유가 아닌 것을 팔고, 속는 사람은 가치가 없는 것에 돈을 지불합니다.

마찬가지로, 쾌락을 파는 사람, 애정을 파는 사람, 기적을 파는 사람, 애국심을 파는 사람이 있습니다. 실제 물품을 파는 사람을 가리키는 경우라면 '상인'이란 단어는 명예롭습니다. 그러나 마음이나 종교, 조국에 관한 것을 판다면 가장 불명예스러운 단어가 됩니다.

대부분의 사람이 자신의 감정이나 명예, 지위를 거래의 도구로 삼는 것은 부끄러운 일이라고 생각할 겁니다. 이 일은 도덕적 진리라기보다 오히려 누구나가 인정하는 상식임에도 불구하고, 안타깝게도 세상에는 그런 것들을 도구로 한 거래가 통용되고 있습니다.

세상 곳곳에서 거래가 행해지고 있습니다. 파는 이는 신전에까지 자리를 잡습니다. 여기서 말하는 신전이란 종교적인 건물만을 가리키는 게 아니라, 인간이 신성하다고 생각하여 범할 수 없는 모든 것을 의미합니다. 인생을 복잡하게 만들고 부패시키고 변질시키는 건 돈이 아니라 우리의 돈벌이 정신입니다.

돈벌이 정신은 모든 것을 하나의 질문으로 집약시킵니다.

'이걸로 얼마나 벌 수 있을까?'

그 정신은 또 모든 것을 하나의 원칙으로 집약시킵니다.

'돈이 있으면 뭐든 손에 넣을 수 있다!'

이 두 개의 행동 원리에 의해 사회는 상상도 할 수 없는 무시무시한 세계로 몰락할지 모릅니다.

'이걸로 얼마나 벌 수 있을까?'

노동으로 생계를 꾸리는 경우 이 물음은 정당한 문장이지만, 그 틀을 넘어 삶 전체를 지배하게 되면 재앙을 불러들입니다. 입에 풀칠하기 위한 노동까지도 비루한 것으로 만들어버립니다.

일을 하고 정당한 보수를 받는다면 그 이상이 없습니다. 하지만 머릿속에 돈 생각만 있다면 최악입니다.

보수만 생각하며 일하는 사람은 제대로 된 일을 할 수 없습니다. 그 사람은 일 그 자체가 아니라 돈에만 흥미가 있는 거니까요. 벌이가 줄어들지 않고 게으름을 필 수 있다면 분명 그렇게 할 테지요. 석공이든 농부든 공장 노동자든, 자기 일을 사랑하지 않는

사람은 그 일에 흥미도 자부심도 없습니다. 즉 '나쁜' 노동자가 되는 겁니다.

돈벌이밖에 생각하지 않는 의사에게 생명을 맡길 수는 없습니다. 그 의사를 지탱하는 것은, 환자의 돈으로 자기 지갑을 두둑이 만들고 싶다는 바람뿐이니까요. 환자가 길게 고통받는 것이 자기에게 이익이라고 생각되면, 건강을 회복시키는 대신 병이 낫지 않도록 할 수도 있습니다.

돈만 사랑하는 교육자는 '나쁜' 교사입니다. 거기서 얻을 이익은 하찮은 금액이겠지만, 그가 가르쳐주는 건 더 하찮겠지요.

돈이 목적인 저널리스트에게 무슨 가치가 있겠습니까? 돈을 위해 쓰인 기사는 그 보수의 가치조차 없습니다.

인간의 고매한 본질에 관계되는 일일수록 돈벌이 정신이 파고들면, 그 일은 무익하고 부패한 것이 됩니다.

모래알 같은 일인가, 씨앗 같은 일인가

어떤 일이든 고생한 만큼 보수를 받을 가치가 있으며, 생활을 유지하기 위해 노력한 자는 누구라도 양지에 거처를 가져야 합니다. 반대로 도움되는 일도 없고, 스스로 생계를 짊어지지 않는 자는 모두 단순한 '기생충'입니다. 돈벌이가 활동의 유일한 원동력이 되는 것만큼 중대한 사회적 잘못은 없습니다.

자기 일에 힘 쏟는 최상의 것, 그것이 완력으로 이루어지는 것이든, 따스한 마음에서 생기는 것이든, 높은 지성으로 만들어지는 것이든, 엄밀히 말해서 그 가치에 어울리는 보상을 할 수 있는 사람은 아무도 없습니다.

두 남자가 같은 힘과 같은 신체의 움직임으로 같은 일을 시작했다고 해도 결과는 달라집니다. 이것은 인간이 기계가 아니라는 증거입니다.

이 같은 현상의 원인은 어디에 있을까요? 그것은 의지의 차이에 있습니다. 한 남자는 돈벌이 정신을, 다른 한 남자는 간소한 영혼을 가지고 있습니다. 두 사람 모두 보수를 받지만, 한쪽은 성과가 없는 데 비해 다른 한쪽은 일 속에 영혼을 갈아 넣었습니다. 전자는 그곳에서 아무것도 생겨나지 않는 모래알 같은 일이지만, 후자는 땅에 씨앗을 심는 것 같은 일로 결국에는 싹이 나와 수확물을 내놓습니다.

"언뜻 보면 같은 방법으로 일하는 거 같은데, 어찌하여 성공하지 못한 사람이 이렇게나 많은 걸까?"

이 질문에 대한 답의 비밀이 여기에 있습니다. 로봇은 재생산을 할 수 없고, 돈이 목적인 노동도 참된 성과를 내지 못합니다.

세상을 지탱하는 건 계산 없는 행동

우리는 경제적인 사실 앞에서 머리를 숙이며 삶의 어려움을 인정하게 됩니다. 가족을 먹이고, 옷을 입히고, 거처를 마련하기 위한 경제력을 갖는 일이 나날이 긴급 과제가 되었습니다. 이런 절실한 필요성을 고려하지 않고, 계산하지 않고, 예상도 하지 않는 인간은 그저 환상가든가 퍽이나 재주가 없는 사람이란 생각밖에 들지 않습니다. 그런 사람은 늦든 빠르든 자신이 무시했던 절약이 얼마나 바른 길이었는지 깨닫게 되겠지요.

그렇다고 걱정만 하고 있다가는 어떻게 될까요? 자기들의 노력을 돈의 액수만으로 측정하고, 수입으로 이어지지 않는 일은 무엇 하나 하지 않으려 하고, 통장에 숫자로 박히지 않는 것은 전부

무익하고 쓸데없는 짓이라고 치부해 버리면 어떻게 될까요?

우리의 어머니는 아이를 사랑하고 키우기 위해 뭔가를 받았을까요? 늙은 부모를 사랑하고 보살피기 위해 무언가를 요구한다면 우리의 효심은 어떻게 될까요?

진리를 말한다고 무엇을 얻게 되나요? 오히려 불쾌한 기억으로 남기도 하고, 고뇌를 짊어지거나 박해당할지 모릅니다.

조국을 지키면 어떻게 될까요? 피곤함에 지치고, 상처를 입거나 때론 죽을 수도 있습니다.

선을 베풀면 어떻게 될까요? 기분 나쁜 일을 당하기도 하고, 은혜를 원수로 갚거나 원망을 사는 일마저 있습니다.

인간의 본질적인 일 중 하나에 '헌신'이 있습니다. 아무리 타산적인 인간이라도 타산打算 이외의 것에 호소하는 일 없이 살아갈 수는 없습니다.

흔히 돈을 잘 모으는 사람은 머리가 좋다고 하는데, 그들을 잘 보십시오. 그들을 지탱하는 간소한 사람들의 헌신 덕에 돈을 모으는 경우도 많을 겁니다. 만약 그들이 '돈 없이는 인연도 없다'를 좌우명으로 삼아서 자기와 같은 부류의 영악한 사람들만 만났다면 과연 성공했을까요?

 소리 높여 외칩니다. **세상이 유지될 수 있는 것은, 계산적이지 않은 사람들 덕분이기도 하다는 것을요.**

 가장 훌륭한 일과 가장 힘든 일은, 거의 혹은 전혀 보도되지 않는 경우가 많습니다. 그다지 이익도 없고, 처음에는 오히려 돈도 들고 쉬는 날도 없이, 때론 목숨까지 바치고, 고통밖에 남는 것이 없는 일이라도, 다행스러운 것은 그 일을 해내는 사람이 늘 있다는 점입니다.

 이런 사람들의 역할은 괴로움만 남는 일도 많아서, 본인에게는 안타까운 결과로 끝나기도 합니다. 과거의 선행을 후회하고 '결국은 환멸을 맛보기 위해 이렇게 고생한 건가!' 싶은 마음에 가슴 아픈 경험을 이야기하는 사람도 꽤 있습니다. 그런 경우, 다 털어놓은 이야기의 끝은 "그런 일을 하다니, 나는 정말 바보였어!"라는 말로 맺어집니다.

 그렇게 생각하는 것도 무리는 아닙니다. 돼지 목에 진주목걸이를 거는 것은 언제든 잘못된 행위이기 때문입니다. 하지만 주변 사람이 은혜를 모른다는 이유로 후회한 그 행위가 '그 사람의 인생 중 유일하게 진짜 아름다운 행위'였다는 예를 얼마든지 있습니다. 인간에게 필요한 것은, 언뜻 바보처럼 보이는 행위가 점점 늘어가는 건 아닐지요.

돈벌이에 얽힌 거짓말

 돈벌이 정신의 신조는 한마디로 표현할 수 있습니다. 돈이 목적인 사람에게 규범이나 예언의 원리는 모두 '돈만 있으면 뭐든 손에 넣을 수 있다'입니다. 사회생활을 표면적으로 바라보는 한 이 이상의 진리는 없습니다. '전투의 생명선', '울려 퍼지는 증거', '모든 문을 여는 열쇠', '세계의 왕'…. 돈의 영광과 힘을 표현하는 단어를 모으면 성모 마리아의 찬가보다 길어질 겁니다.

 지갑이 텅 비어 있으면 어찌 될지 알고 싶다면, 하루나 이틀, 실제로 한 푼도 없이 생활해 보면 좋을 겁니다. 생각지도 못한 상황이나 격차를 좋아하는 사람은, 친구도 지인도 없는 곳에서 돈 없이 며칠간 살아 보세요. 보통 성인 한 명이 1년 동안 겪는 경험의 몇 배 이상을 48시간 이내에 경험할 수 있을 겁니다.

 슬프게도, 본의 아니게 실제로 이런 경험을 할 수밖에 없는 사람도 있습니다. 가령 고향에 있다고 해도, 주변에 젊은 시절 친구들이나 예전 협력자들이 있다고 해도, 실제로 파산한 사람에게는 아무도 아는 체하지 않습니다.

그 사람은 얼마나 괴로운 마음으로 앞서 말한 신조를 곱씹을까요. '돈만 있으면 뭐든 손에 넣을 수 있어!'

즉, 돈이 없으면 무엇 하나 손에 넣을 수 없는 겁니다. 파산한 사람은 마치 전염병 환자처럼 외면당합니다. 파리는 사체에 모여들고, 인간은 돈에 모여듭니다. 돈이 없어지면 아무것도 남지 않습니다. 이 돈벌이 신조의 결과, 많은 눈물이 흘러내렸습니다. 옛날 돈을 좋아했던 사람들이 얼마나 쓰라린 눈물과 피눈물을 흘렸겠습니까.

그래도 역시, 이 신조는 가짜입니다. 엄청난 잘못입니다.

'사막에서 길을 잃으면 아무리 갑부라도 한 방울의 물도 손에 넣을 수 없다.'

'늙은 억만장자는 가난하고 건강한 젊은이에게 젊음과 건강한 몸을 살 수 있다면 재산의 반을 주어도 아깝지 않을 것이다.'

옛날부터 내려오는 이런 빤한 문구를 꺼낼 생각은 없습니다.

행복은 돈으로 살 수 없다는 것을 증명해 보이려는 생각도 없습니다. 부자들 대부분과 무엇보다 돈이 없는 사람들 대부분은 이 오래된 빤한 문구에 쓴웃음을 짓겠지요.

그럼에도 나는, 앞으로도 반복해서 회자될 저 원리에 숨겨진 커다란 거짓말을 밝히기 위해, 개개인에게 추억과 경험을 돌아보라고 말하렵니다.

수입=능력이 아니다

가능한 많은 돈을 들고 온천 여행을 떠나봅시다. 그곳은 예전에는 그다지 알려지지 않아서 크게 돈을 들이지 않아도 기분 좋게 머물 수 있는 장소였습니다. 간소하고, 붙임성 좋고, 예의 바른 주민들이 많았으니까요.

그런데 '평판'에 의해 유명해지자마자 그 마을은 음지에서 양지로 끌려 나왔습니다. 결국 로케이션이나 기후, 주민을 활용하여 얼마나 돈벌이가 가능할지 생각하게 되었지요.

우리는 '평판'을 믿고 여행을 떠납니다. 돈을 사용해 문명화된 세계에서 멀리 떨어진 조용한 은신처를 얻고, 그곳에서 잠시라도 시적詩的 기분을 누릴 수 있다면 얼마나 기쁠까요? 첫인상은 아주 좋습니다. 자연을 배경으로 아직 남아 있는 목가적인 관습에 감동하기 때문입니다.

하지만 날이 지날수록 인상이 나빠지고, 무대 뒤편이 보이기 시작합니다. 가령, 몇 세기 전부터 집에 있었던 듯한 '진짜 앤티크'라고 생각했던 가구는 사람 좋은 여행객을 속이기 위한 모조품이었습니다. 토지부터 주민에 이르기까지 전부 가격표가 붙어 있고, 전부가 파는 물건이었던 겁니다.

그렇게 순박했던 사람들이 지금은 가장 교활한 상인이 되어 가능한 밑천을 들이지 않고 당신의 돈을 우려낼 방법만을 생각합니다. 곳곳에 거미집처럼 올가미가 둘러쳐져 구멍 밑바닥에서 당신을 기다리고 있습니다.

예전에 이 마을 사람들은 간소하고 정직했습니다. 도시 생활에 지친 이는 그들과 접하는 것만으로도 기분이 좋아졌습니다. 하지만 최근 20~30년 만에 완전히 변해버렸습니다. 직접 구운 빵은 자취를 감추고, 버터도 공장에서 생산됩니다. 마을 사람들은 우유에서 제일 좋은 부분을 뽑아내는 방법과 와인을 위조하기 위한 최신 기법을 기가 막히게 써먹고 있습니다.

마을을 떠날 때 당신은 갖고 있던 돈을 세어 봅니다. 거의 남지 않은 탓에 분명 투덜거리겠지요. 하지만 그것은 잘못입니다. 돈으로 살 수 없는 것도 있다는 확신을 얻기 위해서는 아무리 돈이 들어도 싸게 먹히는 거니까요.

당신이 '현명하고 솜씨 좋은 가사의 달인'을 고용하려 한다고 칩시다. '돈이 있으면 뭐든 손에 들어온다'란 원리에 따르면, 저렴한 임금, 보통 임금, 높은 임금, 아주 높은 임금, 말도 안 되게 비싼 임금을 내는 것으로 별 볼 일 없는 사람, 보통 사람, 우수한 사람, 아주 우수한 사람, 말도 안 되게 우수한 사람을 찾을 수 있을 겁니다. 하지만 응모한 사람은 누구든 말도 안 되게 비싼 임금을 받고자 자신을 어필하겠지요. 자기 능력을 보여줄 만한 증명서 같은 것도 준비해서 말이죠. 하지만 실제로 고용해 보면 유능해야 할 사람은 십중팔구 그다지 도움이 되지 않습니다.

"당신은 왜 자신을 요리 장인이라고 말했나요?"

만약 이렇게 물으면, 어떤 희극 속에서 아무것도 할 줄 모르면서 높은 임금을 받는 요리사가 할 법한 대사를 읊을 겁니다.

"많은 돈을 받기 위해서입니다."

이게 바로 중요한 문제입니다. 높은 임금을 받고 싶어 하는 사람은 언제든 바로 찾을 수 있습니다. 하지만 높은 임금에 맞는 능력을 가진 사람은 좀처럼 없습니다. 상대에게 성실함까지 바란다면 찾기가 더 어려워집니다. 돈을 목적으로 하는 사람은 바로 찾을 수 있지만, 헌신적인 사람을 찾기는 쉽지 않습니다.

헌신적인 고용인이나 머리도 좋고 성실한 고용인 따위 존재하지 않는다고 말하는 것이 아닙니다. 그런 사람들은 비싼 임금을 주는 곳뿐 아니라 낮은 임금을 주는 곳에서도, 아니 때론 낮은 임금밖에 주지 못하는 곳에 많을 수 있습니다. 애당초 성실하고 능력 있는 사람들이 어디에 있는지는 문제가 되지 않습니다. 분명한 것은, 그들은 이익을 목적으로 헌신적인 게 아니라, 자기를 희생할 수 있을 만큼의 간소함을 마음속에 지니고 있다는 사실입니다.

중요한 것에는 가격이 붙지 않는다

돈으로 모든 것을 만족시킬 수는 없습니다. 돈은 분명 힘이 있지만, 전능한 것은 아닙니다. 돈벌이 정신이 만연하는 것만큼, 인생을 복잡하게 만들고 도덕성을 앗아가는 일도 없습니다. 사회의 정상적인 기능을 흔들 정도니까요.

돈이 지배하는 곳에서는 반드시 누군가가 누군가를 속이려고 합니다. 더 이상 누구도 신용할 수 없고, 가치 있는 것은 무엇 하나 손에 넣을 수 없습니다.

돈을 비방하려는 게 아닙니다. 돈에 대해서는 '모두 마땅히 있어야 할 장소에, 모두 마땅히 있어야 할 지위에'라는 공통의 규범을 적용해야 한다고 생각합니다.

봉사하기 위해 존재해야 할 돈이 도덕적 생활·존경·자유를 존중하지 않는 전제적 권력이 되어버렸을 때, 어떻게 해서라도 돈을 손에 넣고 싶어서 상품이 아닌 것을 시장에 들였을 때, 누구에게도 매매가 허락되지 않은 것을 유복한 자가 사려고 생각할 때… 그럴 때는 죄 많은 야비한 맹신에 단호히 저항하고, 그 기만에 대해 소리 높여 외쳐야 합니다.

"당신의 돈이 당신과 함께 몰락하기를!"

인간이 가진 것 중 귀중한 것은, 대부분 공짜로 받은 것입니다. 그렇다면 타인에게 공짜로 주는 법도 알아두어야 합니다.

9

명성과 간소함

현대의 치졸함 중 하나는 대부분의 사람이 선전을 좋아한다는 점입니다. 두각을 나타내고, 사람들에게 알려지고, 무명의 상태에서 벗어나고 싶다… 즉, 자기를 선전하고 싶다는 욕망을 억누를 수 없는 사람이 많습니다. 그런 사람들의 눈으로 보면 '무명'은 부끄러워해야 할 일입니다.

그들은 세상에 주목받기 위해서라면 무엇이든 합니다. 그런 사람은, 폭풍우 치는 밤에 황량한 바위 위에 남겨진 조난자처럼, 자기가 모두에게 잊힌 존재라고 여깁니다. 자기가 그곳에 있음을 알리기 위해 소리치고, 무언가를 폭발시키고, 불을 피우기도 하면서 생각나는 모든 방법을 동원해 신호를 보내는 겁니다.

폭죽이나 봉화라면 그다지 죄가 되지 않겠지만, 비열한 짓이나 죄를 범하면서까지 유명해지려는 사람도 있습니다. 자기 이름을 알리고자 신전에 불을 지른 헤로스트라투스*에게도 많은 신봉자가 있었겠지요.

---

*기원전 4세기, 고대 그리스 에페소스(현재의 튀르키에)의 아르테미스 신전을 불태운 방화범. 헤로스트라투스의 이름은 고전문학을 통해 살아남아, 범죄 행위를 저지르고 그로 인한 악명을 즐기는 사람을 의미하게 되었다. 독일어로 Herostrat는 '유명세를 얻기 위한 열망에 사로잡혀 있는 범죄자'를 의미하며, 영어 단어 Herostratic Fame은 '어떠한 대가를 치르더라도 얻고자 하는 명성'을 의미한다.

눈에 띄는 것을 파괴하고, 유명인의 명성에 상처 입히거나 혹은 상처 입히려고 한 것만으로, 즉 스캔들이나 짓궂은 일, 소문이 될 만한 야만적인 일로 유명해지는 사람이 얼마나 많은지요.

유명해지고 싶다는 열병

좀 머리가 이상해진 사람들이나 의심스러운 금융가, 사기꾼, 삼류 배우들 사이에서만 명예욕이 만연한 게 아닙니다. 명예욕은 정치·문학·과학에 이르기까지, 정신생활과 물질생활의 모든 영역에 퍼져 있습니다. 게다가 충격적이게도 자선이나 종교 같은 활동 분야까지 선전에 중독되어 있습니다.

훌륭한 사업 주변에는 트럼펫이 드높이 울려 퍼지고, 영혼을 개종시키고자 할 때마저 시끌벅적 시선을 모읍니다. 그 피해는 점점 퍼져서 열병 같은 소동은 조용한 은신처에까지 미칩니다. 보통은 조용하고 안정된 생활을 중요시하는 마음을 어지럽히고, 선의의 활동도 엉망으로 만듭니다.

전부를 보여준다기보다 못 보여 안달이 난 그들은, 감추어진 것의 가치를 알지 못합니다. 얼마나 시끌벅적하게 만들었는지, 얼마나 유명한지로만 세상의 가치를 재려 합니다. 이런 습관이 생기면, 아무리 진지한 사람이라도 판단력이 둔해집니다. 이러다 우리 사회가 시장통처럼 변해버리는 건 아닐까 싶을 정도입니다.

이제 시장의 먼지나 시끄러움에서 도망쳐 사람 발길이 드문 곳으로 옮겨 천천히 숨을 쉬어봅시다. 개울이 얼마나 맑은지, 숲이 얼마나 고요한지, 혼자라는 것이 얼마나 마음을 편하게 하는지 알고 놀랄 것입니다.

고맙게도 아직 더럽혀지지 않은 조용한 장소도 남아 있는 듯합니다. 아무리 시끄러워도, 사기꾼들의 소리가 부딪쳐 아무리 귀를 따갑게 할지라도 어느 경계를 넘을 수는 없습니다. 그 경계를 넘으면 소리는 점차 진정되고 결국에는 사라지게 됩니다. 정적이 지배하는 영역은 소음이 지배하는 영역보다 넓습니다. 그것이 우리의 위안입니다.

가장 좋은 것은 자신의 마음속에 있다

알려지지 않은 선과 조용한 노동이 존재하는 무한의 세계로 들어가 봅시다. 발자국 하나 없이 펼쳐진 눈밭이나 살며시 피어 있는 꽃, 끝없는 지평선까지 이어질 듯 보이는 오솔길의 매력에 단박에 빠져들 겁니다.

세상 곳곳에는 일의 원동력이나 활동원이 숨어 있습니다. 자연은 일부러 그 움직임을 보여주려 하지 않는 것 같습니다. 결과 외의 것을 관찰하고, 자연 실험실의 비밀을 알고 싶다면, 살며시 상황을 살펴 기발한 방법으로 자연을 놀라게 해야 합니다.

마찬가지로, 인간 사회에서 선을 위해 작용하는 힘은 눈에 보이지 않습니다. 우리 개개인의 인생에도 똑같은 말을 할 수 있지요. **우리가 가진 가장 좋은 것은 타인에게 전달되지 않고, 우리 자신의 가장 깊은 곳에 묻혀 있습니다.**

우리 존재의 뿌리와 얽혀 있는 감정이 에너지 넘칠수록 감정은 여봐란듯이 밖으로 나오려 하지 않습니다. 백일하에 모습을 드러내는 건 자신을 모독하는 일이라고 생각하겠지요. 신神만이 아는 내부 세계를 마음속 깊은 곳에 지니는 건, 말로는 다 표현 못할

은밀한 기쁨입니다. 그 세계로부터 충동이나 활기, 나날이 새로워지는 용기, 외부를 향한 행동의 강한 동기가 생겨납니다.

이 내적 생활이 약해져서 표면적인 것을 신경 쓰느라 내부 세계를 소홀히 하면, 손에 다 넣은 것이라도 그 진정한 가치는 잃게 됩니다.

슬프게도 우리는 **주변으로부터 칭송받을수록 참된 가치를 잃어갑니다**. 여기서 다시 짚고 넘어가자면, 세상에서 가장 좋은 것은 사람에게 알려지지 않은 것이라고 확신합니다. 왜냐하면 그 사실을 알고 있는 건 그것을 소유한 사람뿐이고, 소유하고 있단 사실을 입에 올리는 것만으로 순식간에 그 향기가 없어져 버리기 때문입니다.

열렬한 자연애호가들은 초행자라면 무심히 지나칠 만한 곳, 인적 드문 숲길, 오목한 밭이랑처럼 사람 눈에 잘 띄지 않는 곳을 사랑합니다. 그들은 손상되지 않은 조용한 장소에서 시간도 일상생활도 잊고, 새가 둥지를 틀거나 새끼에게 먹이를 주는 모습, 동물이 우아하게 뛰어다니는 모습을 며칠이고 바라봅니다.

이처럼 자신 내면의 선한 것을 찾아야 합니다. 그곳에는 더 이상 속박도 없고, 허세도 없고, 구경꾼도 없습니다. 그저 다른 것에는 전혀 관심을 두지 않고 선한 이로 남고자 바라는, 인생의 간소한 사실뿐.

자기 일을 담담하게 계속해 나간다

이제 내가 실제로 본 몇 가지 이야기를 해보려고 합니다. 등장하는 인물은 익명을 사용할 것이니 실례는 안 되겠지요.

내 고향 알자스에서의 일입니다. 보쥬 숲으로 이어지는 조용한 길 끝에 30년 전부터 같은 일을 해온 석공이 있습니다. 그를 처음 만난 것은, 내가 아직 젊고 도시로 나가려는 마음에 벅차 있을 즈음이었습니다. 그를 본 나는 기분이 좋아졌습니다. 그가 일을 하면서 노래를 흥얼거리고 있었기 때문입니다. 두세 마디 정도 이야기를 나눈 후, 그는 마지막에 이렇게 말해 주었습니다.

"자, 열심히 하시게. 행운을 비네!"

그 후 그 길을 몇 번이나 지나쳤을까요. 괴로운 날도, 기쁜 날도⋯ 이런저런 날들이 있었지요.

아직 학생이었던 나는 결국 어른이 되었지만, 석공은 그대로

였습니다. 물론 계절별 악천후에 따라 몸에 지니는 것이 달랐습니다. 가령, 멍석을 등에 지고 머리 보호를 위해 이전보다 모자를 깊숙이 눌러쓰곤 했지요. 하지만 숲에서는 변함없이 그의 힘찬 해머 소리가 메아리쳤어요.

늙은 그의 등 위로 얼마나 많은 돌풍이 불었을까요. 그 자신과 그의 가족, 그의 고향은 얼마나 많은 역경에 빠졌을까요. 그래도 그는 바위를 깨면서, 내가 집에 돌아갈 때든 외출할 때든 같은 자리에서 주름 가득한 얼굴로 미소 지으며 마음을 담아 아주 단순한 말을 걸어주었습니다.

돌을 쪼개고 있는 그의 입에서 들려오는 그 말이 얼마나 힘이 되었던지요. 그 소박한 사람과 만날 때 내 안에 생겨나는 감동은 정말 말로는 표현 못할 무엇이 있습니다. 물론 그는 전혀 눈치채지 못했겠지요. 자신을 보아주고 있는 사람에게 정신 팔지 않고, 졸참나무가 크는 것처럼, 신이 태양을 뜨게 하듯, 자기 일을 담담하게 계속해 나가는 이름 없는 노동자의 모습만큼 격려가 되는 광경도 없습니다. 이 모습은 또한 내 마음속을 간질이는 허영심에의 경계도 됩니다.

나는 또한 생애 같은 일을 계속하고 있는 나이 든 초등학교 교사를 많이 알고 있습니다. 시간에 따른 지식의 토대와 생활의 행동 원리를 돌멩이보다 딱딱한 아이들의 머리에 심는 일입니다. 선생님들은 영혼을 끌어모아 자기 일에 몰두하고, 주변 사람들에게 어찌 비칠까 하는 문제는 거의 안중에 없습니다.

이 선생님들이 이름 모를 묘지에 묻히면, 같은 무리의 간소한 사람들 외에는 떠올릴 일이 없겠지요. 하지만 그들의 응보는 그들의 사랑 속에 있습니다. 알려지지 않은 이 사람들만큼 위대한 사람은 없습니다.

선이 숨어 있는 장소

선은 여러 형태로 곳곳에 숨어 있습니다. 선을 발견하는 일은 교묘하게 숨겨져 있는 악행을 파헤치는 것만큼이나 힘듭니다. 정치범으로 시베리아에서 10년간 강제 노역을 한 러시아 의사가 이렇게 말했습니다.

"몇 명 수감자뿐 아니라 간수와의 사이에서도 관용과 용기, 인간성을 느낄 수 있었다."

이 말을 들으면 생각하게 됩니다. 선이란 대체 어디에 둥지를 트는 것일까요? 사실 살다 보면, 아주 놀랍고 이해하기 힘든 두 얼굴을 만나기도 합니다.

정부나 교회의 보증하에 주변으로부터 흠잡을 데 없이 훌륭한 사람으로 불리지만, 실제로는 차갑고 메마른 사람이 있습니다. 반면 몰락한 듯 보이는 사람 가운데도 진심으로 다정하고, 남을 위해 헌신하고자 하는 마음을 가진 사람도 있습니다.

'알려지지 않은 선'에 대한 이야기를 계속하기 위해, 최근 부당한 취급을 받는 사람들, 즉 유복한 사람들의 이야기를 안 할 수 없군요. 자산가를 깎아내리며 재산은 역겨운 것이라고 치부하는 사람이 있습니다. 그런 사람에게 큰 재산을 가진 사람은 전부 '불행한 인간의 피를 빨아먹는 괴물'입니다. 그렇게까지 과장하지 않더라도 역시 부를 이기주의나 냉담함과 혼동하는데, 이러한 무의식 혹은 계산된 오해는 바로잡아야 합니다.

분명 부자 중에는 안하무인이거나 보여주기식 선행만 베푸는 사람도 있습니다. 그런 예는 아주 많지요. 하지만 일부 사람들의 행동이 비인간적이고 위선적이라고 해서, 다른 유복한 사람들이 조심성 있게 행하는 은밀한 선행의 가치까지 깎아내려도 되는 걸까요?

내가 아는 사람 중에 애정마저 등을 돌리는가 싶게 세상 모든 불행을 겪은 사람이 있습니다. 사랑하는 아내를 잃었을 뿐 아니라 어린 아이들도 차례차례 잃었지요. 그에게 남은 건 그때까지 열심히 일한 덕에 모인 큰 재산뿐이었습니다.

그는 아주 간소한 생활을 하며 스스로에게는 거의 아무것도 쓰지 않고, 항상 선을 행하며 자기 재산을 활용할 기회를 찾았습니다. 가난한 이를 돕고, 어두운 삶을 사는 이에게는 빛을 나누고, 친구에게는 애정을 담아 선물하기 위해 그가 얼마나 많은 재산을 썼는지는 아무도 상상할 수 없을 겁니다.

그의 즐거움은 타인에게 선을 베풀고, 그것도 누가 했는지 모른 채 그 사람이 기뻐하는 모습을 보는 것이었습니다. 부당한 경우를 바로 세워주고, 불운에 빠진 일가에게 기쁨의 눈물을 흘리게 만드는 일이 즐거웠던 겁니다. 그는 자기가 하는 일을 누군가 알게 될까 봐 아이처럼 끙끙대며 보이지 않는 곳에서 여러 일을 계획하였습니다. 그가 죽은 뒤 그중 몇 개는 밖으로 드러났지만, 그래도 아직 드러나지 않은 선행이 더 많겠지요. 그는 참된 마음으로 자기 재산을 나누어주는 사람이었습니다.

남의 재산 일부가 내 것이었으면 좋겠다고 바라는 저속한 사람은 많습니다. 욕심이 있으면 그렇게 됩니다. 반면, 재산이 없는 사람에게 자기 재산을 나누어주려는 사람은 희귀하며 거의 찾아볼 수 없습니다. 그런 선택받은 자의 동지가 되기 위해서는, 이웃의 불행이나 행복에 민감하고 용감하며 자긍심이 높아야 하기 때문입니다. 다행히도 그런 사람들이 아직 존재합니다. 본인들은 원하지도 않는 경의를 그들에게 바치는 것으로 나는 만족합니다.

드러나지 않아도 선은 존재한다

아름다움에 눈길이 머물고 간소한 선의가 피어나는 곳의 향기를 맡음으로써, 비열함과 중상모략, 염세주의, 협잡 따위에 곤두선 신경을 진정시킬 수 있습니다.

파리 생활에 그다지 익숙하지 않은 외국인 여성이 눈앞에 펼쳐진 무시무시한 광경에 대해 내게 말한 적이 있습니다. 불쾌한 포스터, 노골적인 신문, 머리를 물들인 여인들, 경마장·카바레·도박장·번화가로 몰려드는 군중… 이런 것들이 표면적인 사교생활 광경입니다. 그 여성은 추락한 마을의 상징이라고도 할 수 있는 '바빌론'이란 단어까지 입에 올리진 않았지만, 그건 아마도 파멸을 향해 가고 있는 이 거리의 주민인 나에 대한 연민 때문이었겠지요.

"말씀하신 대로 분명 그것들이 모두 한심스럽긴 하지만, 당신이 파리의 전부를 본 건 아니랍니다."

내 말에 그녀는 "이미 충분해요!"라고 말을 막았습니다. 그래도 나는 말을 이어 나갔습니다.

나는 당신이 파리의 전부를 보아주었으면 합니다. 아주 추악한 이면에는 동시에 정말 기운을 북돋아 주는 이면도 있는 법이니까요. 파리의 다른 지역도 바라봐 주세요. 혹은 다른 시간을 봐주세요.

가령, 파리의 아침 광경을 보면 '잠들지 않는 파리'라는 당신의 인상을 바꾸어줄 많은 모습이 보일 겁니다.

우선, 방탕한 자들이나 범죄자가 빠지는 시간에 외출하여 성실하고 정직한 청소부들을 보세요. 누더기를 걸치고 엄숙한 표정으로 묵묵히 일하고 있는 사람들을요. 얼마나 신중하게 밤의 잔해를 깨끗이 치우고 있는지…. 마치 바빌론의 마지막 왕 벨사살 *Belshazzar*의 궁전에서 벨사살의 파멸을 고하는 예언자 같습니다. 청소부 중에는 여성도 있고, 노인도 있습니다. 추울 때는 손에 입김을 불어가며, 더울 때는 손등으로 땀을 닦으며 일합니다. 매일 힘들게 일하는 그들 또한 파리의 주인입니다.

다음으로 변두리의 작은 공장에 가보세요. 경영자든 노동자든 똑같이 일하는 공장입니다. 노동자의 한 무리가 일하러 가는 모습을 보세요. 젊은 여성들은 부지런하게도 공장으로, 가게로, 사무실로, 먼 마을에서부터 기꺼이 출퇴근합니다.

집 안도 들여다볼까요? 서민의 아내가 일을 하고 있습니다. 남편의 월급은 적고, 집은 좁고, 아이들은 많습니다. 게다가 남편은 완고하기까지 하지요.

이제 학생들을 보러 갑시다. 당신이 보았다고 말했듯 거리에는 남부끄러운 학생도 많지만, 열심히 공부하는 학생 또한 많답니다. 단지 공부하는 학생은 집에 있어서 눈에 띄지 않을 뿐입니다.

그들이 얼마나 공부에 열을 올리는지 안다면 아마 틀림없이 놀라겠지요. 유리창을 깨는 학생에 대한 글은 자주 기사화되지만, 어찌하여 과학이나 역사 문제를 늦게까지 토론하는 학생들에 대한 기사는 신문에서 볼 수 없을까요? 그런 기사는 일반 대중의 흥미를 끌지 못하기 때문입니다.

모든 걸 알기 위해서 보아야 할 것을 열거하자면 끝이 없겠지요. 부자도 가난한 사람도, 학자도 무지한 사람도, 사회 전체를 돌아볼 필요가 있습니다. 그렇게 하면 당신은 더 이상 이전처럼 가차 없이 말하진 않겠지요.

파리는 하나의 세상입니다. 그곳에는 진짜 세상와 마찬가지로, 선은 숨어 있고 악이 표면에 드러나 있습니다. 표면만을 보는 한, 어떻게 저리도 많은 무뢰한들이 생겨난 걸까 자문하고 싶어집니다. 하지만 거리의 안쪽까지 들어가 보세요. 고난에 차고, 어둡고, 때로는 역겨운 인생 속에서도 많은 미덕이 존재한다는 사실에 놀랄 겁니다.

남모르는 '선한 존재'가 되다

나는 왜 이런 일들은 주절주절 늘어놓는 걸까요? '자기선전을 역겹다고 생각하는 사람들을 선전하기 위한 거 아냐?'란 소리를 들을 것 같군요. 그렇게 생각하지 말아 주십시오. 내 목적은, 알려지지 않은 선행에 눈을 돌려 선행을 사랑하고 실천하게끔 유도하는 것입니다.

순간 반짝이고, 눈길을 사로잡는 걸 자랑삼는 사람은 추락합니다. 그들은 악과 만날 위험에 노출되어 있기 때문입니다. 또한 눈길을 끌려는 선만을 추구하며, 눈에 띄고 싶다는 유혹에 아주 간단히 무릎 꿇기 때문입니다.

무대 위에서의 긴장을 풀려는 듯 분장실에 널부러져 있는 조연들을 자주 볼 수 있습니다. 그런 조연이 되지 않으려면, 세상이 알아주지 않는다며 푸념할 것이 아니라, 현재의 상태를 사랑해야 합니다. 거기에 도덕 생활의 본질적인 요소가 있습니다.

이는 보잘것없다고 불리는 사람들, 즉 거의 주목받지 못하는 사람들에게만 통하는 진리가 아닙니다. 주연 연기자들에게도, 아니 주역들이니 더욱 명심해야겠지요.

만약 당신이 '반짝이는 듯 보이지만 도움은 되지 않는 사람'이 되고 싶지 않다면, 장식만 요란하고 속은 빈 인간이 되고 싶지 않다면, 같은 일터에서 제일 알려지지 않은 사람의 간소한 정신으로 주역을 연기해야 합니다.

눈에 띌 때만 가치가 있는 사람은, 아무 가치도 없습니다. 최전선에서 주목받는 위험한 명예가 주어진다면, 자기 내면의 알려지지 않은 선행의 신전을 더욱 공들여 지켜야 합니다. 우리 이웃이 정면 현관을 바라보고 있는 건물에 간소함과 겸허한 성실함을 겸비한 커다란 초석을 깔아야 하지 않겠습니까.

공감과 감사의 다짐과 함께 모르는 사람들 옆에 머뭅시다. 우리는 모두 그런 이들에게 은혜를 입은 게 아닌지요? 땅속에 묻혀 있는 돌이 건물 전체를 바치고 있음을 뼈에 새기듯 경험한 사람 모두가 그 증인이 되어줄 겁니다.

널리 인정받게 된 모든 이들은, 이미 잊힌 정신적 선배 덕분에 그 자리에 있게 된 것입니다. 우리에게 소수의 선한 존재—그중에 간혹 인생의 패배자로 생각되는 사람이나 조촐하게 존경받는 부모가 포함되어 있지만—는, 아름답고 품격 있는 인생을 구현하고 있습니다.

그들은 모범이 되어 우리에게 용기를 주고 지원해 줍니다. 그들과의 추억은, 우리 마음 깊은 곳에서 결코 잘라낼 수 없는 형태로 연결되어 있습니다. 힘들 때, 용감할 때, 침착할 때의 그들 모습을 떠올리면, 본인이 짊어진 짐도 가벼워지는 느낌입니다.

선의 존재는, 눈에 보이지 않아도 우리 옆을 지키며, 전투 중 우리가 몰리거나 쓰러지는 것을 막아주는 그림자 군단 같은 것입니다. 그렇게 매일, 인간의 보물이란 세상에 알려지지 않은 선행이라는 것을 우리에게 증명해 줍니다.

10

간소한 가정

제2제정시대, 황제가 다니던 해수욕장 바로 옆에 가장 아름다운 마을 중 하나라 불리던 군정 소재지가 있었습니다.

모두의 존경을 받는 그곳의 촌장은 지적인 사람이었지만, 어느 날 황제가 자기 집을 방문할지도 모른다는 생각에 머리가 몽롱해졌습니다. 그는 부모로부터 물려받은 집에서 아주 작은 추억조차도 소중히 여기는 아들로 살고 있었는데, 프랑스 황제를 자기 집에서 맞아야 한다는 생각이 든 순간 다른 사람이 되었습니다.

지금까지 충분하다고 생각했던 물건이나 부모님과 선조들이 사랑했던 간소함이 갑자기 구차하고 초라하며 경멸스러운 것들로 보이기 시작했습니다.

황제나 되는 분에게 이런 목조 계단을 오르게 할 수는 없지, 이런 낡은 의자에 앉힐 수는 없지, 이런 시대에 뒤떨어진 양탄자 위를 걷게 할 수는 없지….

생각이 여기에까지 미치자, 촌장은 목수와 미장이를 불러 벽에 곡괭이질을 하여 벽을 허물라고 말했습니다. 그렇게 집의 다른 부분과는 비교도 안 될 만큼 사치스럽고 넓은 방이 만들어졌습니다. 결국 본인도 가족도 좁아진 방에서 살게 되었습니다. 그 방들은 인간과 가구를 구겨 넣은 듯 좁아서 갑갑한 느낌을 떨쳐버릴 수 없었습니다. 촌장은 황제가 올 거라는 강박에 사로잡혀 지갑을 털어 집 전체를 발칵 뒤집어놓고 황제를 기다렸습니다.

그러나 이게 무슨 일입니까! 제정시대가 막을 내리고, 황제는 결국 오지 않았습니다.

개성은 가정에서 키울 수 있다

이 가련한 촌장의 예는 그리 진귀한 이야기가 아닙니다. 사교를 위해 가정생활을 희생시키는 사람이 많습니다. 촌장과 마찬가지로 냉정함을 잃어버리는 겁니다.

이러한 희생의 위험은, 격동의 시대를 만나 보다 큰 위협이 되었겠지요. 현대인은 항상 이런 위험에 노출된 탓에 많은 사람들이 그 덫에 빠집니다. 사교적 야심이나 습관을 만족시키기 위해 얼마나 많은 가보가 헛되이 손에서 빠져나갔는지요. '행복'을 손에 넣기 위해서라고 생각하겠지만, 그 행복은 언제까지고 오지 않습니다. 가정을 희생하며 좋은 전통을 잃고, 집 안의 간소한 습관을 버리는 것은 잘못된 거래입니다.

사회에서 가정생활의 우선순위는 높아야 합니다. 가정을 등한시해서는 사회 전체가 혼란에 빠지니까요. 사회가 건전한 발전을 이루기 위해서는, 독자적인 가치와 개성을 가진 견실한 인간이 각 가정에서 사회로 나와야 합니다. 그렇지 않으면 사회는 단순한 양의 무리, 때로는 양치기도 없는 양 떼가 되어버립니다.

그렇다면 사람들은 어디에서 '개성'을 만들어내는 걸까요?

개성이란 다른 사람들의 특성과 연결됨으로써 환경에 풍부함과 견고함을 줄 수 있는 유니크한 것입니다.

개성은 가정 안에서만 키울 수 있습니다. 온갖 추억과 행동이 모여 각 가정은 작은 풍토를 만들어내는데, 그것을 부수면 어떻게 될까요? 인간 성격의 원천이 말라버려 공적公的 정신의 뿌리까지도 끊어지고 맙니다.

각 가정은 가족 개개인에게 지울 수 없는 정신적 각인을 새기는 것으로 심오한 세계가 될 수 있습니다. 이는 나라를 위해서도 중요합니다.

집을 '임시 거처'로 만들고 있지 않은가

가정생활의 기초에는 과거에 대한 존경심이 있습니다. 가정이 가진 가장 좋은 점은, 가족 구성원이 공유하는 공통의 추억이기 때문입니다.

추억은 침해할 수도, 나눌 수도, 양보할 수도 없는 자본이며, '거룩한 보관물'입니다. 가족 개개인은 그런 추억을 무엇보다 귀중한 것으로 보아야 합니다.

추억은 관념과 사실이라는 이중의 형태로 존재합니다. 눈에 보이지 않는 관념으로는 말투, 생각, 감정, 나아가 본능에까지 추억이 숨 쉽니다. 눈에 보이는 사실로는 초상화, 가구, 건축물, 의복, 노래 같은 형태로 나타납니다. 속물적인 인간들 눈에는 아무런 가치도 없는 것처럼 보일 수 있겠지요. 하지만 가정생활의 사물을 평가할 수 있는 이들에게는, 어떤 대가를 치르더라도 지켜야 하는 거룩한 유물입니다.

한데 우리가 살아가는 세상에서는, '체면'이 가정을 전쟁으로 몰아넣고 있습니다. 어떤 싸움이든 비통한 것이지만, 이처럼 격렬한 전투는 본 적이 없습니다. 온갖 수단을 통해 새로운 습관·요구·주장이 펼쳐지며, 체면이 가정이라는 성역에 침입합니다. '체면'이라는 이방인의 권리와 지위는 대체 어떤 것일까요? 그처럼 단호한 어조로 권리를 주장하는 근거는 무엇일까요?

우리는 '체면'이라는 침입자에 대해, 간소하고 가난한 사람이 사치스러운 방문객을 대접하듯 행동합니다. 단 하루의 부담스러운 손님을 위해 텃밭의 작물을 모두 뽑고, 고용인이나 아이들을 질타하며 자기 일도 내팽개치다니… 이 얼마나 부당하고 경솔한 행동인가요?

체면에는 온갖 파렴치함이 포함되어 있습니다. 가령, 간소하고 훌륭한 가정이 있어서, 사람도 가구도 습관도 모든 것이 조화를 이루고 있다고 합시다. 그런데 결혼이나 비즈니스, 취미를 위해 체면이 파고든다면 어떻게 될까요?

체면은, 가정에 있는 모든 것을 오래되고 불편하고 소박하다고 여깁니다. 처음에는 비판하거나 재치 있는 놀림 정도일 겁니다. 그러나 그런 때가 제일 위험합니다! 조금이라도 그 비판에 귀를 기울였다가는 다음날에는 가구를, 그 다음 날에는 오래된 좋은 전통을 희생시키겠지요. 소중히 여겼던 유품이나 익숙하게 주변을 지켜왔던 물품들을 효심과 함께 조금씩 골동품상에 팔아버릴 겁니다.

환경이 변하고 새로운 습관이 뿌리를 내림과 동시에 오랜 친구나 늙은 부모가 완전히 불편해지겠지요. 나아가 당신은 결국 그들을 애물단지 취급할지도 모릅니다.

체면은 오래된 물건을 버리게 합니다. 그리하여 어느 날, 완전히 변해버린 환경 속에 본인이 있단 사실에 놀라겠지요. 무엇 하나 과거를 떠올릴 만한 건 없는데도, '이걸로 됐어!'라고 스스로 안심합니다. 적어도 체면은 만족감을 동반하니까요.

그러나 슬프게도 당신은 틀렸습니다. 진짜 보물을 쇠 부스러기인 양 버리고, 새 옷을 입은들 빌린 옷을 입은 느낌이 드는 건 어쩔 수 없습니다. 당신은 결국 이런 상황이 우스꽝스럽다고 느끼겠지요. 그럴 거라면 처음부터 용기를 내 자기 의지대로 밀고 나가 가정을 지켰던 편이 좋지 않았을까요?

젊은이들 대부분은 결혼하면 사교계의 유혹에 빠집니다. 부모라는 검소한 생활의 모델이 있어도 새로운 세대는 부모의 라이프 스타일에서 달아나고자 합니다. 자기들 눈에는 너무도 가부장주의로 보이기 때문이며, 그렇게 해야 권리와 자유를 손에 넣을 수 있다고 확신하기 때문입니다. 그 결과, 큰돈을 쓰면서 최신 유행의 환경으로 꾸미고, 진짜 유익한 건 푼돈으로 바꿔버립니다.

가정을 떠올리게 할 만한 물건들 대신 아무런 추억도 없는 새 가구를 계속해서 사들입니다. 아니, 아무런 추억도 없다는 말은 틀렸습니다. 그건 안이하고 표면적인 생활의 상징이니까. 그 안에 있으면 사교계의 매력적인 냄새를 맡게 됩니다. 싫어도 바깥 생활이나 호화스러운 생활, 눈이 팽팽 도는 느낌을 떠올리게 합니다. 설령 잊고자 해도 사교계의 향기는 생각을 그쪽으로 돌리게 하고 속삭입니다.

"떠올려 봐! 사교 클럽과 연극, 경마에 가던 시간을!"

이리하여 가정은, 장시간의 부재와 부재 사이에 잠시 들러 쉬는 임시 거처가 되고 맙니다. 다들 집에 오래 있는 건 좋지 않다며 밖으로 떠돌게 합니다. 집 안에는 이제 영혼이 없으니, 영혼에게 말을 걸 수도 없습니다. 자는 시간과 식사하는 시간 외에는 서둘러 나가야 합니다. 집에 있을 때는 언제나 멍하니 반쯤 수면 상태가 됩니다.

다들 알다시피, 세상 어디든 외출을 좋아하는 사람이 있습니다. 어디에 있든 자기가 얼굴을 내밀지 않으면 세상이 멈추는 줄 아는 사람들입니다. 그들은 집에 있는 걸 가장 힘들어 하며, 생각만으로도 끔찍하다고 말합니다. 외출을 좋아하는 사람은, 돈 들이지 않고 집에서 즐기기보다, 돈을 들여서라도 밖에서 따분한 편이 좋은 겁니다.

가정의 전통을 다시 배우다

이렇게 사회는 점차 양치기 없는 양 떼 생활을 향해 갑니다.
체면을 의식한 생활은, 누구에게든 같은 방식을 종용하는 터라 거의 다르지 않습니다. 이 보편적인 평범함이 공적 정신의 본질을 파괴합니다.

체면이 현대사회에 미친 해악을 확인하기 위해 그리 긴 여행을 할 필요도 없습니다. 마음의 근저를 이루는 것도, 마음의 밸런스도, 온화한 양식良識도, 창의력도 우리가 아주 조금밖에 가지고 있지 않다면, 그 이유 중 하나는 가정생활이 약해져 있기 때문입니다.

집을 나와 술집으로 가는 것은 사교가 좋아하는 표시입니다.

사람들을 집 밖으로 끌어내는 이 풍조는, 빈곤과 주택 환경의 취약함만으로는 설명할 수 없습니다.

부모와 선조가 그토록 만족했던 집을 버리고 어찌하여 농부는 술집으로 발길을 옮기는 걸까요?

집은 옛날과 달라지지 않았습니다. 옛날과 똑같이 같은 난로에 똑같은 불이 타오르고 있습니다. 예전에는 젊은이도 노인도 그 불에 둘러앉아 밤을 지새웠지만, 이제는 둘러앉을 사람도 얼마 없습니다.

사람들의 정신에 무언가 변화가 일어났습니다. 불건전한 욕망에 무릎 꿇고, 간소함과의 관계를 단절해 버렸습니다. 아버지는 명예스러운 장소를 떠나고, 아내는 고독하게 부뚜막 옆에서 숨죽여 생활하며, 아이들은 싸움을 해대며 가정을 떠날 순서를 기다립니다.

우리는 가정생활과 가정이 갖는 전통의 가치를 다시 배워야 합니다.

우리 속에 존재하는 과거의 유일한 유물인 기념비는, 경건한 마음가짐에 의해 신성한 것으로 여겨 왔습니다. 마찬가지로, 예로부터의 복장이나 방언, 오래된 노래가 세상에서 사라지지 않도록 경건한 사람의 손에 의해 모아져 왔습니다. 위대한 과거의 조각이나 선조들 혼의 흔적을 지켜 나가는 것은 얼마나 멋진 일인지요. 가정의 전통을 위해서도 똑같이 해야 합니다.

방에서도 사랑과 영혼이 잠든다

모든 사람이 지켜야 할 전통을 가지고 있는 건 아닙니다. 그래서 더욱 가정생활을 만들고 키우는 일에 한층 노력을 기울여야 합니다. 이때 필요한 것은 가족의 인원수나 유복함이 아닙니다. 하나의 가족을 만들어내기 위해 필요한 것은 '가정 정신'입니다.

아무리 작은 마을이라도 고유의 역사, 고유의 정신적 족적이 있듯, 아무리 작은 가정도 그 가정 나름의 혼을 가질 수 있습니다. 그것은 인간의 삶에서 우리를 감싸는 공기가 됩니다. 이 얼마나 신비로운 세계인가요?

어떤 집에서는 저택에 들어서는 순간 차가움과 불편함을 느낍니다. 뭔가 알 수 없는 것들이 나를 밀어냅니다. 그런데 어떤 집에서는 안으로 들어가 문을 닫자마자 배려심과 기분 좋은 느낌이 나를 감쌉니다.

'벽에 귀가 있다'라는 말이 있습니다. 벽에는 소리가 있고, 벽은 아무 말 하지 않아도 웅변을 들려줍니다. **집에 있는 모든 것에는, 그곳에 있는 사람들의 혼이 떠돌고 있습니다.**

가정 정신의 힘은 혼자 사는 남녀의 집에서도 볼 수 있습니다.

한쪽 방에는 무기력과 무관심과 비속함이 만연해 있습니다. 주인의 생활 신조는 책이나 사진의 열거 방법에까지 잘 나타나 있습니다. '전부 될 대로 되라'라는 식입니다.

그러나 다른 방에는 사는 기쁨과 타인에게도 전해지는 쾌활함을 느낄 수 있습니다. 방문하는 사람은 온갖 형태로 이런 소리를 들을 수 있겠지요.

"잠시 들른 손님이여, 그대가 누구든, 당신에게 평안이 깃들기를!"

창가에 재배되고 있는 사랑받는 꽃, 주름투성이 손의 할아버지—통통한 볼을 한 아이들이 그 손에 키스하고 있습니다—가 앉아 있는 낡은 의자의 매력… 그런 가정생활의 힘은 아무리 강조해도 지나치지 않습니다.

자주 이사를 하며 생활환경을 바꾸는 애처로운 현대인이여, 마을·집·습관·신앙의 형태를 너무도 바꾼 탓에 우리는 이제 정작 마음의 위안을 받고 머리를 식힐 장소도 잃었습니다.

가정생활을 버림으로써 불확실한 존재의 공허함과 슬픔이 더 이상 커지지 않도록 주의합시다. 불 꺼진 난로에 다시 한번 불을 붙입시다. 아이들이 안전히 성장할 수 있게, 사랑의 은신처가 될 수 있게, 노인이 쉴 수 있게, 기도드릴 제단을 만들 수 있게, 나라 사랑하는 마음을 키울 수 있게… 누구에게도 침해받는 일 없는 따뜻한 둥지를 만들어야 하지 않겠습니까.

11

간소한 아름다움

미학의 이름으로 간소하게 사는 법에 이의를 제기하는 사람이 있을지 모르겠습니다. 혹은 여러 사업의 수호신이며, 예술의 위대한 부양자이며, 문명사회의 장식이기도 한 '사치'가 얼마나 유용한지 이유를 대며 반론하는 사람도 있겠지요. 그런 사람들에게 몇 가지 간단한 지적을 하고 싶습니다.

지금까지 서술해 왔던 정신은 공리적인 정신과는 다른 것임을 이미 깨달으셨겠지요. 이 책에서 추구하는 간소함이란, 인색한 사람이 스스로에게 부여한 간략주의나 가짜 엄격주의에 의한 편협한 정신이 낳은 간소함과는 다릅니다.

자린고비에게 간소한 생활이란 '돈이 들지 않는 삶'입니다. 엄격주의에게 간소한 생활이란, 미소 짓거나 반짝이거나 매료되는 모든 것에 눈을 돌리지 않는 '빛바랜 무위의 삶'을 가리킵니다.

자산가가 돈을 저축하는 대신 유통하여, 상업을 활성화하고 미술품을 발전시키는 건 결코 나쁜 일이 아닙니다. 이는 그의 특권적 상황을 잘 활용하는 것이니까요. 내가 문제 삼고자 하는 이는, 어리석은 낭비와 이기적인 돈의 사용, 특히 필요한 최소한만 소유해야 하는데 그 이상을 원하는 사람들에 대해서입니다.

화려한 생활과 도를 넘은 낭비로 사람들을 놀라게 하는 비속한 향락주의자의 사치와 예술 옹호가의 사치는, 사회에 주는 영향이 다릅니다. '사치'라는 표현만 같을 뿐이지 알맹이는 크게 다릅니다. 돈을 뿌리는 게 전부가 아닙니다. 돈을 뿌리는 데도 사람을 고귀하게 만드는 방법과 추락시키는 방법이 있는 겁니다. 게다가 돈을 뿌린다는 말은, 그가 넘쳐날 정도로 돈을 갖고 있단 사실이 전체가 되어야 합니다.

그러나 정해진 재산밖에 없는 사람이 호화스러운 생활을 염원한다면 이야기는 달라집니다. **주목해야 할 부분은 '재산을 절약해야 할 사람이 낭비하고 싶어 한다'란 점입니다.**

'씀씀이가 좋은 건 하나의 선행'이라는 의견에는 나도 전적으로 동의합니다. 어떤 종류의 부자에게 낭비는 넘쳐나는 부를 밖으로 내보내기 위한 안전책 같은 역할을 하기도 하니까요.

단지 내가 말하고 싶은 건, 절약하는 편이 자신을 위한 일이기도 하고 의무이기도 한 경제 상태에 있으면서 그 안전책에 해롱거리는 사람이 너무도 많다는 점입니다.

사치와 사치에의 집착은, 개인에게 불행을 가져오며 사회 전체에 위험을 드리웁니다.

일상생활에 인생의 아름다움이 있다

전문가가 눈쌀을 찌푸리지 않는 선에서 조심스럽게 '미학美學'에 대해 이야기해 보고자 합니다. 감소함과 아름다움을 라이벌로 보는 풍조가 퍼지고 있는데, 그것은 착각입니다. '간소함'이 '추함'과 동의어가 아니듯 '사치스러운', '공들인', '유행하는', '돈이 드는'이 '아름다움'과 동의어는 아닙니다.

화려한 미美, 돈을 처바른 예술품, 우아함과 에스프리esprit도 느껴지지 않는 호화로움이 범람하는 광경에 우리 눈은 탁해지고 있습니다. 악취미와 결부한 풍요로움은 '저렇게 많은 저급한 물건들을 만들기 위해 그렇게나 많은 돈을 들인 건가?' 하고 우리를 후회하게 만듭니다.

현대 아트 또한 문학과 마찬가지로 간소함의 결여로 몸살을 앓고 있습니다. 과도한 머리 장식, 지나치게 공들인 상상력의 산물을 너무도 쉽게 볼 수 있습니다. 선이든 형태든 색이든, 완전한 작품의 동반자인 '간소함'이 인정받는 일은 거의 없습니다.

명백함으로 정신에 호소하듯, 완전한 작품은 시각에 대한 단순함을 호소합니다. 불멸의 아름다움이 지닌 이상적 순수함에 우리는 다시 한번 빠질 필요가 있습니다. 불멸의 아름다움은, 걸작에 각인을 새깁니다. 거기에서 퍼져 나가는 한 줄기 빛은 어떤 떠들썩한 전람회보다도 가치가 있지요.

여기서 내가 강조하고 싶은 것은 일상생활에서의 미학입니다. **일상생활에서의 미학으로 그 사람이 자기 인생에 얼마나 정성을 들이는지 알 수 있습니다.** 우리가 형태를 미화하여 정돈하는 일은 쓸데없는 짓이 아니라 오히려 가능하다면 해야 하는 일입니다. 대자연이 그 모델을 보여주고 있습니다.

한순간에 지나가 버리는 시간마저 물들이는, 아름다운 빛을 경시하는 사람이 있습니다. 그는 피지 않는 꽃마저 사랑으로 창조하신 신의 의지를 외면하는 것입니다.

가장 아름다운 것은 자기다운 꾸밈

'진정한 아름다움'과 '이름뿐인 아름다움'을 혼동시키는 야비한 유혹에 빠지지 마세요. 생활의 아름다움과 시적詩的 정취는 우리가 주는 의미에 따라 변합니다. 우리의 집, 테이블, 몸차림은 자기 의지를 표현하니까요. 거기에 의지를 담으려면, 먼저 의지를 지녀야 합니다. 의지를 지닌 사람은 아무리 간소한 수단이라도 인정받는 법을 알고 있습니다.

집이나 복장에 우아함과 매력을 더하는데 꼭 부자일 필요는 없습니다. 센스와 선의가 있다면 충분하지요. 이는 남녀 모두에게 중요하지만, 특히 여성과 관계가 깊습니다.

여성들에게 조잡하거나 포대 자루를 연상시키는 옷을 걸치게 하는 이는, 자연의 가장 신성한 부분을 더럽히는 것이며, 사물의 정신을 전혀 알지 못하는 사람입니다.

의복이 단순히 추위나 비로부터 몸을 보호하기 위한 것이라면, 보자기를 만드는 천이나 동물 가죽으로 충분할 테지요. 하지만 의복은 그 이상의 무엇입니다. 인간은 자기가 만드는 모든 것에 자기의 전부를 담습니다. 즉 인간은 자기가 사용하는 것을 기호로 바꿉니다. 의복은 단순히 몸을 덮는 덮개가 아니라 하나의 심벌입니다. 이는 나라나 지방마다 다른, 풍부한 색감의 민족의상을 보면 알 수 있습니다.

몸차림 또한 우리에게 무언가 전하려고 합니다. 거기에 의미가 담겨 있을수록 가치가 있지요. 따라서 겉모습이 진정 아름답기 위해서는 무언가 선한 것, 개성, 진리를 전해 주어야 합니다.

아무리 고가의 옷이라도 입고 있는 이와 관계가 없으면 단순한 가면에 지나지 않으며, 몸에 기묘한 것을 두른 듯 보이겠지요. 유행을 너무 좇는 것도, 형식적인 장식에 치우쳐 진짜 모습을 감추는 것도, 입는 이의 가장 큰 매력을 빼앗는 게 됩니다. 여성들이 아름답다고 착각하는 것 중에는, 남편이나 부모의 주머니를 가볍게 할 뿐 아니라 본인의 아름다움을 해치는 것도 있습니다.

한 젊은 여성이 자기 생각을 펼치려고 한다고 칩시다. 잘 고른 힘 있는 단어를 사용하고는 있지만, 그게 전부 회화 매뉴얼에 실린 문장 그대로라면 어떨까요? 빌린 말에 어떤 매력을 느낄 수 있겠습니까? 옷 자체는 아주 잘 만들어진 것일지라도, 다른 여성과 전혀 구별이 안 되는 옷차림도 마찬가지입니다.

내 생각과 관련하여 벨기에 작가이자 시인인 까미유 르모니에 *Camille Lemonnier*의 말을 여기에 인용해 보고자 합니다.

자연은 여성의 손가락에 매력적인 예술을 느끼게 했다. 여성은 그 예술의 본질을 알고 있고, 그것은 또한 그녀의 독자적인 예술이기도 하다. 실크는 누에가 만들어내는 예술이며, 레이스는 민첩하고 섬세한 거미의 예술인 것처럼. (중략) 여성은 시인이며, 우아함과 순진함의 예술가이다. 신비스러운 실을 뽑아 주변 사람들을 기쁘게 하고 싶다는 마음으로 그것을 몸에 두른다. 다른 예술품에서 남성과 마찬가지로 재능을 보였다고 해도, 여성이 그저 조금 옷에 담은 에스프리나 착상에는 전혀 미치지 못한다. 그러므로 나는 이 예술이 더욱 중요하게 여겨지길 바란다.

교육이란 자기 머리로 생각하고, 자기 마음을 느끼고, 개인적이고 사소한 일이나 자기 내면, 잠재의식을 표현하기 위함이지, 획일적이 되도록 강요하거나 고르게 만들려는 게 아니다. 마찬가지로, 결국 엄마가 될 젊은 여성은 꾸밈을 통한 미학을 될 수 있는 한 빨리 배웠으면 좋겠다. 결국 아이를 위한 옷을 만들게 될 테니까. 먼저 자신을 위한 훌륭한 디자이너가 되어야 한다. (중략) 여성스러운 꼼꼼함과 개성을 살려서 옷이라는 걸작을 임기응변으로 선택하여, 자기다운 꾸밈이 가능한 센스와 재능을 가졌으면 좋겠다. 드레스… 그것이 없다면 여성은 헤진 천 조각에 머물렀을지 모른다.

옷차림이 인생에 대한 생각을 보여주고, 모자가 시詩이며, 리본 묶는 법이 개성을 표현한다면, 집의 정돈 방법도 사람들의 정신을 표현합니다.

그런데 어찌하여 집을 아름답게 꾸민다는 구실 아래 가치 있는 집의 개성을 없애려는 걸까요? 어찌하여 어디에서든 볼 수 있는 획일적인 미美를 들여와 자기들 방을 호텔 방처럼 만들고, 거실을 기차역 대합실로 만들어버리는 걸까요?

집이 늘어서 있는 거리, 많은 마을이 모여 세워진 나라, 많은 나라로 이루어진 넓은 대륙… 그 어디를 가도 천편일률적인 형태밖에 볼 수 없다면 얼마나 불행하겠습니까. 본래의 형태를 유지한 채 간소함이 곁들여진다면 얼마나 아름다울까요. 번지르르한 겉모습과 평범하고 따분한 주제에 여봐란듯이 요란한 장식 대신, 무한의 다양성을 볼 수 있겠지요.

다양한 형태의 생각지도 못한 모습을 만나는 즐거움을 상상해보세요. 양탄자나 가구, 지붕에 얽힌 비밀, 낡은 물건의 헤아릴 수 없는 가치에서 만든 이의 개성을 발견하는 기쁨을요!

정성을 다한 집안일은 예술이 된다

이 장을 마무리 짓기 위해 좀 더 단순한 이야기를 짚어보고자 합니다. 현대의 젊은이들이 전혀 '시적詩的'이라고 생각하지 않는, 자질구레한 집안일에 관해서입니다.

젊은이들은 모두, 가정생활의 불가결한 물리적 일이나 소소한 배려를 등한시 여기는 경향이 있습니다. 이는 세상에서 흔히 볼 수 있는 나쁜 혼동, 즉 '시심과詩心 아름다움은 특정한 곳에만 있다'란 생각 때문입니다.

문학을 즐기거나 하프를 연주하는 건 우아하고 고상한 일이지만, 구두를 닦거나 방을 청소하거나 수프 냄비를 들여다보는 일은 우아함과는 거리가 먼 조잡한 일이라 치부합니다. 이 얼마나 철없는 생각입니까! 하프나 빗자루의 문제가 아닙니다. 모든 것은 그걸 부여잡은 손, 그 손을 움직이는 정신에 있습니다.

시심詩心은 사물이 아니라 우리 마음속에 있습니다.

조각가가 자기 꿈을 돌에 새기듯 우리는 대상에 시심을 쏟아야 합니다. 우리 생활이나 일이 자칫 매력 없어 보이는 것은, 밖에서는 우아하게 보임에도 불구하고 우리가 거기에 아무것도 쏟아 붓고 있지 않기 때문입니다.

예술의 진가는, 생기 없는 것을 활기차게 만들고 야생적인 것을 길들이는 데 있습니다.

분명 예술이 주는 교양에는 도덕심을 높이는 무언가가 있고, 직접 눈으로 본 감동은 우리의 사상이나 행동에 영향을 미칩니다. 하지만 예술을 만들어내는 일은 일부 사람들만이 가능한 특권입니다. 아름다움을 소유하고, 이해하고, 나아가 만들어내는 건 누구나 할 수 있는 일이 아닙니다.

한편, 어디에서든 볼 수 있는 인간적인 아름다움도 있습니다. 아내와 딸들의 손에서 피어나는 아름다움입니다. 그 아름다움이 없는 곳은 아무리 화려하게 꾸민 집이라도 아무런 가치가 없습니다. 그저 차가운 주거지일 뿐입니다. 그 아름다움이 있기에 아무리 살풍경인 집이라도 활기를 얻고, 밝게 빛나는 것입니다. 인간의 의지를 기품 있게 하고, 변화시키고, 행복감을 높이는 힘 가운데 이 아름다움만큼 보편적인 것은 없습니다.

최악의 상황에서 가장 빈약한 도구를 사용한다 해도, 이 아름다움은 그 가치를 발휘할 수 있습니다. 좁은 방에 옹기종기 모여 살고, 수입이 적어 식탁이 빈약해도, 재능 있는 이는 그곳에 질서와 청결과 예의를 불러옵니다. 해야 할 일을 훌륭히 해내는 것은, 부자의 특권이 아니라 모든 인간의 특권입니다.

매일 이렇게 생활하다 보면, 지금까지 몰랐던 아름다움과 매력과 안정된 만족감이 숨어 있음을 알게 되겠지요. 자기 자신으로 있는 것, 자기가 있는 본래의 환경에 고유의 아름다움을 실현하는 것… 그것이 이상理想입니다.

우리의 사명은 사물에 영혼을 담는 일입니다. 아무리 난폭한 사람이라도 그 선의의 영혼에 감동할 만한 유쾌하고 섬세한 형태를 주는 일입니다.

얼마나 의미가 깊은 사명인가요. 자기가 갖지 못한 걸 갖고 싶어 하고, 기묘한 장식을 어설프게 흉내 내려고 하기보다 훨씬 가치 있는 일 아닐까요?

12

간소한 사회

보다 선하고, 보다 안정되고, 보다 강건하게 살아가는 것을 방해하는 것은 주변 상황보다 오히려 우리 안에 있습니다. 이를 증명하는 열쇠가 바로 '오만'이라는 단어입니다.

사회적 상황의 다양함과 그 편차로 인하여 온갖 종류의 분쟁이 일어나는 것은 피하기 어렵습니다. 하지만 남의 생각을 받아들일 수 있다면, 같은 사회의 일원으로서 관계는 훨씬 단순해지지 않을까요?

사람들 사이를 틀어지게 만드는 건, 사회계급이나 직업, 개개인의 처지가 아닙니다. 이 사실을 먼저 이해합시다. 그런 것들이 원인이었다면, 같이 일하는 동료, 이해가 일치하는 사람들, 나아가서는 같은 처지에 있는 사람들 사이에는 더없는 평화가 이어질 테니까요. 하지만 실제로는 오히려 반대입니다. 가장 격한 싸움은 동료 사이에서 일어나고, 내란만큼 비참한 전쟁은 없습니다.

인간 사이의 이해를 방해하는 것은 무엇보다도 오만함입니다.

인간은 오만함으로 인해 상대를 상처 입히지 않고는 관계를 맺지 못하는 고슴도치가 되어버렸습니다.

먼저, 위대한 사람들의 오만함에 대하여 이야기해 봅시다.

서로를 비교하는 난감한 풍조

사륜마차를 타고 있는 부자가 있습니다. 내가 그 남자에게 형용할 수 없는 불쾌감을 느끼는 것은, 그의 마차나 옷차림, 거느린 사람들의 수가 아닙니다. 그가 사람을 경멸하고 있기 때문입니다.

나는 그리 저속한 사람이 아니라서 그가 큰 재산을 가지고 있다는 것 정도로는 상처 입지 않습니다. 그런데 그는 내게 오물을 튕기며 내 몸에 스치듯 마차를 몰고, 나 같은 건 안중에 없다는 듯 행동했습니다. 단지 내가 그와 같은 부자가 아니라는 이유로요.

그는 나를 불쾌하게 만들었습니다. 이유도 없이 나를 욕보이고, 나에게 무의미한 고통을 안겨주었습니다. 사람을 상처 입히는 이런 오만함에 분개하는 것은, 내 안에 있는 비속한 부분이 아니라 가장 고귀한 부분입니다.

"부러워서 그런 거 아냐?" 같은 말은 마십시오. 나는 털끝만큼도 부럽지 않습니다. 인간으로서의 존엄에 상처 받은 겁니다.

이때의 느낌을 설명하는 건 간단합니다. 삶에 대해 진중하게 생각해 온 사람이라면 누구라도 내 발언을 뒷받침해 줄 경험이 많을 테니까요.

'물질적 이익이 전부'라는 환경에서는, 주식시장에서 상장하듯 인간끼리 서로의 가치를 평가할 정도로 부의 오만함이 맹위를 떨칩니다. 평가는 금고 속 내용물에 의해 결정되지요.

상류사회는 큰 자산을 가진 이들로 이루어져 있고, 중류사회는 중간 정도의 자산을 가진 이들로 구성되어 있습니다. 그 다음은 조금의 자산밖에 갖지 못한 자, 전혀 자산이 없는 자로 이어집니다.

그들은 어느 때든 서로를 이 원칙에 따라 취급합니다. 부자가 자기보다 유복하지 못한 자를 경멸하면, 다음에는 그 부자 자신이 보다 재산이 많은 자로부터 경멸당합니다. **서로를 비교하는 풍조가 계급의 꼭대기부터 밑바닥까지 퍼져 있습니다.**

이러한 환경은 최악의 감정을 키우기에 안성맞춤입니다. 그렇지만 비난받아야 마땅한 것은 부가 아니라, 그 부에 쏟아지는 정신입니다. 부자들 중 부모에게 재산을 물려받아 유복함에 익숙한 사람은 이런 야비한 생각은 않지만, 그들도 '빈부 차에 대한 화제는 조심해야 한다'란 민감함을 잊기는 마찬가지입니다.

차고 넘치는 재산을 가진 것 자체가 딱히 나쁜 일은 아니지만, 그 부를 과시하여 최소한 것조차 갖지 못한 사람들에게 충격을 주고, 가난한 사람들에게 그 사치스러움을 과시하는 것이 꼭 필요한 일일까요?

보통 건강한 사람은 쇠약해진 환자 옆에서 자기의 왕성한 식욕과 숙면, 삶의 기쁨을 이야기하지 않습니다.

그러나 유복한 사람의 대부분은 배려가 없고, 동정심이나 진중함이 모자랍니다. 선망은 자기가 심어놓고 부러워하며 한탄하는 것을 이상하다고 말합니다.

부를 어떻게 소유할지 배운다

재산을 자랑하거나 모르는 사이 사치에 빠져버린 이에게 부족한 것은 분별력입니다. 일단, 부를 개인적인 자질이라고 여기는 것은 너무도 어린애 같은 잘못된 생각입니다. 용기容器와 내용물 각각의 가치에 대해 이만큼 단순한 착각도 없을 겁니다. 이 문제와 관계있을 법한 사람들에게 이렇게 말하지 않을 수 없군요.

"당신이 가진 것과 당신 자신을 혼동하지 않도록 조심하세요!"

부의 오만함에 몸을 의탁한 사람은, 가장 중요한 또 하나의 사실을 잊고 있습니다. 소유한다는 건 하나의 사회적 작용입니다.

분명 개인의 소유물은, 개인의 생활이나 자유와 마찬가지로 정당하다고 할 수 있습니다. 개인의 생활과 자유는 분리하기 어렵고, 이른바 인생의 근거지라고도 할 수 있습니다. 그 기지를 공격하는 것은 너무나도 큰 위험을 품습니다.

하지만 개인은 모든 점에서 사회와 연결되어 있고, 개인이 하는 일은 전부 사회 전체를 위한 것이어야만 합니다. 그러므로 소유란, 찬양받아야 할 특권이라기보다 오히려 그 무게를 느껴야만 하는 부담인 것입니다.

어떤 사회적 기능을 완수하기 위해서든 간혹 엄격한 수행이 필요하지만, '부'라고 불리는 이 기능에도 수행은 필요합니다. 소유 방법은 습득이 어려운 기술입니다. 가난하든 유복하든, 대부분의 사람은 돈이 있으면 그저 맘대로 살면 된다고 생각합니다. 그래서 '부자로 남는 기술'을 아는 사람이 적은 것입니다.

루터의 호쾌한 비유에 의하면, 부란 많은 이들에게 그저 '노새의 발 아래 놓인 하프'와 같습니다. 그것을 어떻게 사용해야 좋을지, 전혀 알지 못한다는 뜻입니다.

그러므로 부자이면서 간소한 사람, 즉 부를 인간으로서의 사명을 다하기 위한 수단으로 여기는 사람과 만나면 경의를 표해야 합니다. 그 사람은 분명 훌륭한 사람이니까요. 수많은 장해를 헤치고 시련을 넘어서, 비속한 혹은 교묘한 유혹에도 빠지지 않았으니까요. 자기 지갑의 내용물을 자기 머리나 마음의 내용물과 혼동하는 일도, 숫자로 평가하는 일도 없는 사람이니까요.

부자이면서 간소한 사람에게 특별한 환경은 자만심의 근원이 되기는커녕 오히려 겸허히 만듭니다. 이는 그가 자기 의무의 높이만큼 아직 도달하지 않았다고 느끼기 때문입니다. 유복하면서 정연하게 인간의 자리를 지키는 것입니다. 누구라도 받아들이고 누구라고 돕습니다. 자기 재산을 나와 남으로 나누는 장벽으로 쓰지 않고, 타인에게 다가가기 위한 수단으로 삼습니다.

부자라는 신분은, 오만하고 이기적인 사람들에 의해 엉망진창이 되어버렸지만, 부자이면서 간소한 사람은 정의에 민감한 사람들로부터 항상 칭송받겠지요. 그가 사는 법을 본 누구나 자기 자신을 돌아보며 이렇게 자문할 겁니다.

'내가 만약 저런 환경이었으면 어떻게 했을까? 내 재산을 마치 남의 재산인 듯 행동하는 검소함과 깨달음, 성실함을 저 사람처럼 지닐 수 있을까?'

세상과 인간 사회가 존재하는 한, 이익을 둘러싼 격렬한 대립이 있는 한, 지상에서 선망과 에고이즘이 사라지지 않는 한, 간소의 정신이 관철된 부만큼 존경받아 마땅한 것은 없습니다. 그러한 부는 용서받는 것, 아니 사랑받는 것이 되겠지요.

남에게 하는 명령은 스스로에게 하는 명령

부에서 오는 오만함보다 해로운 것은 권력에서 오는 오만함입니다. 여기서 말하는 권력이란, 그 힘이 얼마나 크든 아무리 한정된 것이든, 한 인간이 다른 인간에게 갖는 힘 전체를 가리킵니다.

이 세상에서 힘의 불평등을 피할 수 있는 수단은 없습니다. 모든 조직은 힘 관계의 서열을 전제로 지켜지고 있습니다. 우리는 결코 거기에서 벗어날 수 없겠지요.

하지만 나는, 권력욕의 범위가 너무 넓어져서 권력의 진정한 정신이 사라질까 두렵습니다. 권력의 정신을 바르게 이해하지 않고 권력을 휘두른 나머지, 조금이라도 권력을 가진 자는 모든 곳에서 위기에 처하게 됩니다.

권력이란, 권력을 유지하려는 자에게 아주 강한 영향력을 끼칩니다. 자기가 가진 권력에 휘둘리지 않기 위해서는 상당히 냉정해야 합니다.

로마 황제들과 그 전성기를 보면 머리가 어떻게 된 게 아닌가 싶지만, 그것이 권력이 가진 보편적인 병입니다. 이는 어느 시대에나 존재하지요. 누구의 마음속에든 잠들어 있는 폭군은 있고, 그는 눈 뜰 기회만 엿보고 있습니다. 폭군은 권위의 가장 큰 적입니다. 폭군이란 권한을 허락하기 어려울 만큼 희화한 사람이기 때문입니다. 여기에서 많은 사회적 분쟁이나 상처 입히기, 미움이 생겨납니다.

자신에게 바라고 있는 사람들을 향해 "그대는 이 일을 하라. 그것이 나의 의지, 아니 나의 즐거움이니." 따위로 말하는 인간은 나쁜 짓을 하는 겁니다. 누구의 마음속에서든 개인적인 권력에 저항하고자 하는 무언가가 있고, 그 무언가야말로 존중해야 할 마음이니까요.

인간은 모두 평등합니다. 복종을 강요할 권리를 가진 사람은 없습니다. 그는 그, 나는 나니까요. 복종을 강요받으면 인간은 추락합니다. 그것을 잠자코 바라볼 수만은 없지 않겠습니까!

학교 · 공장 · 군대 · 관청 등에서 사람이 사람을 지배하는 걸 본 적이 없으면, 권력을 난폭하게 휘두르는 사람들이 얼마나 많은 해악을 만들어내는지 상상할 수 없을 겁니다

권력자는, 자유로운 영혼을 노예의 영혼, 즉 반역자의 영혼으로 바꾸어버립니다. 명령하는 쪽 신분이 복종하는 쪽 신분에 가까울수록 반사회적이고 해로운 이 작용이 확실히 일어납니다. 그러므로 **가장 냉혹한 폭군은 소인배 폭군입니다.**

가령, 작은 공장의 책임자나 감독관은 공장장이나 공장 경영자보다 흉포한 방법으로 종업원을 지배하려고 합니다. 하사가 대령보다 병사에게 엄격한 것과 같습니다. 어디든 자기 권위에 도취한 말단에게 혹사당하는 인간은 실로 불행합니다.

권력을 행사하는 자의 첫 번째 의무는 '겸허'라는 것을 너무 쉽게 잊습니다. 잘난 체하는 것이 권위는 아닙니다. 규범을 만드는 것도 권위자의 일이 아닙니다. 규범은 모든 이의 위에 있으므로, 권위자는 규범을 해석하는 역할에 지나지 않습니다.

그 규범의 가치를 다른 이들에게 알리기 위해서는 먼저 권위자가 그 규범을 따라야 합니다. 인간 사회에서의 명령과 복종이란, 요컨대 '자발적인 봉사'라는 미덕의 두 가지 형태입니다. 사람

들이 어떤 인물에게 복종하지 않는다면, 대부분은 그 인물이 솔선하여 복종하려고 하지 않았기 때문입니다.

상대에게 정신적인 영향력을 미치기 위한 비결은, 단순하게 명령하는 것입니다. 단순하게 명령하는 사람의 권위는 허식이나 직함, 징계 수단에 있지 않습니다. 채찍질하는 것도, 협박하는 것도 아닌데 누구나가 그 사람을 따릅니다. 왜일까요? **단순하게 명령하는 사람은 여차할 때 스스로 뭐든 행할 준비가 되어 있음을 누구나가 느끼기 때문입니다.**

어떤 사람이 타인에게 시간과 돈, 정열, 때에 따라서는 목숨까지 희생하도록 요구할 권리를 가졌다면, 그것은 요구한 사람 자신이 그 전부를 희생할 결의뿐 아니라 마음속에서 이미 모든 걸 희생했을 때입니다. 이런 정신으로 살아가는 사람의 명령에는 불가사의한 힘이 있어서 모두에게 의무를 다하도록 만듭니다.

인간 활동의 모든 분야에는, 자기 팀을 고무하고 서포트하며 분발시키는 리더가 있습니다. 그 리더에게 지휘받는 팀은 어떤 일이라도 헤쳐 나갑니다. 부하들은 리더와 함께라면 어떤 일이라도 할 수 있다고 느낍니다. 그야말로 '물속, 불 속'이라도 뛰어들어 열광하며 명령을 실행하겠지요.

오만함이 인간관계의 틈을 만든다

지위가 높은 이의 오만함만이 아니라 소인배의 오만함도 존재합니다. 하층민들의 거만함은 상층민들의 거만함에 매달린 프라이드에 따른 것입니다. 하지만 어느 쪽이든 오만함의 근본은 같습니다.

그 태도만으로 반감을 일으키는 거만한 사람들만이 "내가 곧 규범"이라고 말하는 건 아닙니다. 자기보다 나은 존재를 인정하지 않는 머리 나쁜 말단들 또한 "내가 곧 규범"이라고 떠들어 댑니다.

실제로 자기보다 우수한 사람에게 신경을 곤두세우는 사람은 많습니다. 타인의 의견을 전부 공격으로 받아들이는 그들은, 비판은 중상모략이며, 명령은 자유를 침해하는 것이라 느낍니다. 규범도 인정하지 않겠지요. 무언가 혹은 누군가를 존중하는 듯 보일 때는 그저 갈피를 못 잡아서일 뿐, 이렇게 말하겠지요.

"우리를 위한 게 아니라면, 그 누구의 자리도 없어!"

딱히 대단한 자리에 있지 않아도 자기보다 윗사람에게 충분히 존중받지 못한다고 생각하고, 다루기 어렵고 금방 삐지는 사람 역시 오만한 사람의 부류에 들어갑니다. 그들은 아무리 좋은 것이나 인간적인 사람에게도 만족하지 못하고, 마치 희생자인 듯한 표정으로 의무를 수행합니다. 슬픈 정신의 내면에는 **제자리를 잃은 자존심으로 가득 차 있습니다.**

그런 사람은 자기의 공간을 심플하게 지킬 방법을 알지 못하고, 기묘한 욕구와 부당한 저의로 본인 인생도 남의 인생도 복잡하게 만듭니다.

인간을 자세히 연구해 보면, '보잘것없는 사람들'이라고 부르기에 어울리는 사람들 중에도 오만함이 숨어 있는 것에 놀랄 겁니다. 이 오만이라는 악덕의 힘은 너무 강해서, 검소하게 살아가는 사람들 주변까지, 이웃을 차단하기 위한 두꺼운 벽을 만들어버립니다. 야심과 경멸 속에 바리케이드를 세워 숨으면, 권력자들과 마찬가지로 가까이하기 어려운 존재가 됩니다. 무명인이든 유명인이든 오만함은 인간의 적이라는 그 음울한 옥좌를 과시합니다. 가난한 사람이든 권위가 있는 사람이든 마찬가지입니다. 무력하고 고독함에도 불구하고 모든 사람을 경계하고, 모든 것을 복잡하게 만듭니다.

다른 계급 간의 수많은 증오와 적개심은, 외부의 숙명이 아니라 오히려 내면의 숙명임은 몇 번이고 반복해도 부족함이 없을 겁니다. 이해의 대립과 상황의 격차가 인간들 사이에 골을 만드는 건 누구도 부정할 수 없습니다. 다만 오만함이 그 골을 심연으로 바꾸어버리는 게 문제입니다. 심연의 바닥에는 오만함만이 존재해서 이쪽 언덕에서 저쪽 언덕을 향해 "당신과 나 사이에는 아무런 공통점이 없어!"라고 외칩니다.

지식도 권력도 '맡겨진 것'으로 여긴다

오만에 관한 이야기는 이쯤에서 접고자 합니다. 모든 형태의 오만함을 설명하는 건 불가능하기 때문입니다. 특히 오만함이 '지식'에까지 영향을 미쳐, 지식을 무익하게 만들어버리는 일은 정말 유감스럽습니다. 부나 권력과 마찬가지로 우리의 지식은 이웃의 덕입니다. **지식은 인간에게 봉사해야 할 사회적 힘입니다.** 지식 있는 사람의 마음이 지식 없는 사람 옆에 머물러 있지 않다면, 인간에게 봉사할 수 없습니다. 지식이 야심의 도구로 변해 버리면 지식 그 자체가 파괴됩니다.

용맹한 사람에게도 오만함은 존재하며, 오만함은 미덕조차도 미워해야 할 것으로 만들어버립니다. 타인이 행한 악을 후회하는 정의正義는, 연대 책임과 사회적 진리 속에 존재합니다. 반대로, 타인이 잘못을 범하거나 괴벽이 있다고 이를 경시하는 정의는 인간성을 상실합니다. 이런 정의는 허영심의 허무한 장식으로 추락하고, 선의를 포함하지 않은 부나 복종의 정의에 의해 누그러지지 않는 권위와 닮은 꼴이 됩니다.

오만한 부자나 무례한 고용주와 마찬가지로 거만한 덕도 혐오해야 합니다. 이런 덕은 도발적인 태도나 표정으로 나타납니다. 거만한 덕을 가진 사람은 모두를 끌어들이는 게 아니라 멀어지게 만듭니다. 그에게 은혜를 입은 사람들은 오히려 모욕받았다고 느끼니까요.

우리의 장점이 무엇이든 허영심에 봉사해야 하는 건 아닙니다. 각각의 장점은, 장점에 따른 의무를 만들어낼 뿐, 자랑할 이유는 되지 않습니다. 돈, 권력, 지식, 마음이나 정신의 자질은 오만을 키우기 위해 사용되면 불화의 원인이 됩니다.

장점이 많으며 오히려 겸허해집시다. 거기서부터 우리가 채무자임이 증명되기 때문입니다. **인간이 소유한 모든 것은 누군가의 덕분입니다.** 우리는 자기 부채를 제대로 갚을 수 있을까요?

높은 지위의 일을 하고 자기 수중에 다른 이의 운명이 걸려 있다면 겸허해집시다. 통찰력이 있으면 그런 중대한 의무를 도저히 할 수 없다고 느낄 겁니다.

방대한 지식을 가지고 있다면 겸허해집시다. 지식은 미지의 세계를 좀 더 잘 파악하고, 본인이 발견한 아주 작은 것과 타인이 고생하여 발견한 많은 것을 비교하는 데 도움이 되기 때문입니다.

덕이 높다면 특히 겸허해집시다. 단련된 양심을 가진 사람만큼 자기의 결점에 민감한 사람도 없으니까요. 그런 사람은 누구보다 관대해서, 나쁜 짓을 한 사람들을 위한 고민이 얼마나 필요한 일인지 느낍니다.

'보다 좋은 사람'이 된다는 구별

이렇게 서술하면 "필요한 것을 어떻게 구별합니까? 간소함을 너무 의식한 나머지 사회적 기능을 위해 필요한 거리감마저 없애려는 겁니까?"라고 질문할지 모르겠네요.

나는 거리나 구별을 없애라는 게 아닙니다. 다만 한 인간을 다른 인간과 구별하는 것은, 지위도 일도 제복도 재산도 아니고, 단순히 그 사람 자신이라고 생각합니다.

다른 어느 시대보다 현대는 외견상 구별의 허무함이 백일하에 드러납니다. 지금은 무언가가 되기 위해 황제의 망토를 두르거나 왕관을 쓰는 것으로는 충분하지 않습니다. 재력이나 가문, 훈장 따위를 과시한들 아무 도움도 되지 않습니다. 물론 외견상의 징표를 부정하는 것은 아닙니다. 그런 것들에는 고유의 의미가 있고, 고유의 역할이 있습니다. 단, 그것이 공허하지 않고 무언가 의미를 상징하는 경우에 말이죠. 이미 무엇에도 대응하지 않는다면, 도움도 되지 않고 위험해질 뿐입니다.

구별을 위한 유일한 진짜 방법은, 무엇보다 인간으로서 가치를 지니는 일입니다. 사회적 구별 그 자체가 필요하고 존중받아야 한다고 생각한다면, 먼저 당신이 그에 어울리는 인간이 되어야 합니다.

현대인 사이에서 존경의 마음이 사라지고 있는 것은, 안타깝지만 너무나 명백한 사실입니다. 이는 타인에게 존경받고 싶어 하는 사람을 특징짓는 고유의 구별법이 없기 때문이 아닙니다. 이 나쁜 경향의 원인은, '높은 지위에 있는 사람은 생활에서의 의무를 다하지 않아도 된다'란 편견에 있습니다. 높은 지위에 취임하면 규범을 지킬 필요가 없다고 믿는 겁니다.

복종과 겸양의 정신은 사회적 지위가 높아짐과 함께 더욱 커진다는 사실을 우리는 잊어버립니다. 그 결과, 자기 부담에 대해 가장 많은 존경을 요구하는 사람은, 그 존경에 상응하기 위한 노력이 너무도 적습니다. 이것이 바로 존경의 마음을 사라지게 하는 원인입니다.

유일하게 필요한 구별은, 보다 선한 이가 되고자 하는가의 여부입니다. 보다 선해지고자 노력하는 사람은, 그를 존경해야 하는 사람들에게도 겸허하고, 다가가기 쉬우며, 쉬이 친밀해집니다. 그런 사람은 알려질수록 높은 지위에 머물 수 있습니다. 오만하지 않다는 사실만으로 더욱 많은 존경을 받기 때문입니다.

13

간소함을 위한 교육

간소한 삶이 정신 건강의 산물이라고 한다면, 교육은 이 영역에 커다란 영향을 주는 셈입니다.

아이의 양육법에는 기본적으로 두 가지가 있습니다.

하나는, 아이들을 부모 자신을 위해 키우는 것.

또 하나는, 아이들을 아이들 자신을 위해 키우는 것.

부모를 위해 아이를 키우는 단점

전자의 양육법이라면, 아이는 부모의 부속물로 간주됩니다. 아이는 부모 재산의 일부이며, 부모의 소유물 안에 거처가 주어집니다.

부모가 사랑이 넘치는 생활을 중요시하는 경우, 그 장소는 가장 높은 곳에 있지요. 부모에게 물질적 이익이 가장 중요한 경우, 아이는 제2, 제3 혹은 가장 마지막으로 내몰립니다. 어느 경우라도 아이는 한 생명체로서의 인간이 아닙니다. 어릴 때는 복종해서만이 아니라, 존재 자체와 모든 결단이 부모에게 종속되어 있어서 아이는 부모 주변을 맴돕니다.

부모 자신을 위해 키워진 아이들은, 성장해 가면서 종속이 점점 심해지고, 사고나 감정 모두 자신의 것이 아니게 됩니다. 어른이 되어도 미성년자의 상태가 지속되는 것입니다. 자립심이 천천히 자라나는 대신 점점 노예 상태가 됩니다.

아이는 부모가 의도한 대로의 인간, 즉 부모의 장사나 공장 혹은 종교나 정치적 의견, 미적 센스에 좌우됩니다. 그리하여 항상 부모의 절대주의 틀이나 방향성 안에서 생각하고, 말하고, 행동하고, 결혼하고, 가족을 형성하게 되겠지요.

이러한 가족적 절대주의는 특별한 의지를 갖지 않는 부모에게서도 볼 수 있습니다. 질서를 잘 유지하기 위해서 아이는 부모 소유여야 한다고 믿기만 하면 되니까요.

부모에게 그 정도 열정이 없는 경우에는 한숨이나 간절한 바람, 속된 유혹 같은 다른 방법으로 아이를 자기 소유로 만들려고 합니다. 아이를 사슬로 묶어둘 수 없다면 끈끈이로 잡거나 올가미를 씌우겠지요. 아무튼 아이는 부모 안에서, 부모에 의해, 부모를 위해 살아가게 됩니다. 그것밖에 허락되지 않으니까요.

이런 식의 교육은 가정뿐 아니라 대규모 사회적 조직에서도 볼 수 있습니다. 대조직의 주요 교육 기능은, 신입에게 고분고분 말을 잘 듣게 하여 싫든 좋든 기존의 틀에 가두어버리는 겁니다. 신정神政 단체*든, 공산주의 단체든, 단순히 고루한 관료적 단체든, 개인을 집단 안에 매몰시켜 계몽하고 흡수하기 위한 교육입니다.

겉에서 보면, 이런 시스템은 훌륭하고 간소한 교육일지 모릅니다. 인간이 그저 단순히 민족의 일원에 지나지 않는다면, 이 교육법은 완벽하겠지요. 같은 종류의 모든 야생 동물이나 어류, 곤충이 신체의 동일 부위에 동일 줄무늬를 가지고 있듯 만일 인간이 자신이 속하는 민족의 일원에 지나지 않는다면 모두가 같은 기호, 같은 언어, 같은 신앙, 같은 경향을 가지게 될 테니까요.

하지만 인간은 단순히 민족의 일원이 아닙니다. 인간은 각자 다르기에, 개인의 생각을 잠재우고 결국엔 없애기 위해서 수많은 수단이 필요할 겁니다. 그 목적은 부분적으로밖에 달성되지 않기에 결국 모든 것이 항상 혼란에 빠집니다. 어딘가에 끊임없이 균열이 생기고, 거기에서 인간 내면의 자발적일 힘이 격하게 솟구

---

* 종교적 통치와 정치적 통치를 동시에 행하는 단체.

쳐 나와, 폭발이나 충격, 커다란 혼란을 일으킵니다. 거기에서 아무것도 생기지 않고, 외적인 권한에 억눌려 있는 경우에는 해악이 내면에 존재하게 됩니다. 질서정연하게 보이는 겉모습 아래에는, 은밀한 반항심이나 비정상적인 생활에서 생겨난 중대한 결함과 무기력, 나아가서는 죽음마저 숨어 있습니다.

이런 결과를 초래하는 교육 시스템은 나쁜 것입니다. 아무리 단순해 보여도 뿌리는 복잡하기 그지없기 때문입니다.

아이를 위해 아이를 키우는 단점

후자의 양육법은 완전히 반대입니다. 아이를 아이 자신을 위해 키우는 것이라서, 역할은 역전됩니다. 부모는 아이들을 위해서 존재합니다.

아이는 태어나자마자 중심적인 존재가 됩니다. 흰머리 할아버지도, 숱 많은 머리를 가진 아버지도, 곱슬머리 아이 앞에서는 고개를 숙입니다.

아이의 한마디가 부모에게는 규범이 됩니다. 아주 작은 신호로도 충분합니다. 한밤중 요람 안에서 조금이라도 큰 소리가 나면, 아무리 피곤해도 온 집안 식구들이 다 일어납니다. 갓난아기는 바로 자신이 전능한 존재임을 깨닫습니다. 아직 걷기도 전에 권력에 눈이 멀어 버립니다.

성장함에 따라 아이의 권력은 점점 더 강해집니다. 부모도, 조부모도, 고용인도, 선생님도… 모두가 아이가 시키는 대로 합니다. 이웃이 경의를 표하고, 때에 따라서는 이웃이 그 아이의 희생양이 되기도 합니다.

아이는 자신이 가는 길에 누군가 막는 것을 허락하지 않습니다. 자기밖에 모릅니다. 자기는 유일무이하고, 완벽하며, 잘못을 범하지 않는 존재입니다.

나중이 되어서야 사람들은 잘못 키웠음을 깨닫지만, 때는 이미 늦었습니다. 그래도 참으로 난감한 건 감출 수 없습니다. 누군가가 희생해 준 일 따위는 금세 잊고 존경과 동정심도 없으니까요. 그 아이는 자기를 돌보아준 이들 따위는 전혀 개의치 않으며, 무엇에도 속박받지 않고 내키는 대로 살아갑니다.

이 교육법은 또한 사회 형태로도 만들어져서, 과거에 눈도 돌리지 않고 살아가는 사람들과 함께 새로운 역사를 만들어내고 있습니다.

전통도 규율도 존경도 없이, 아무것도 모르는 사람이 가장 잘난 척 주장합니다. 공적 질서를 대표해야 할 사람은, 큰 소리로 외칠 뿐 누구도 존경하지 않고 함부로 구는 인간을 신경 씁니다. 그런 곳에서는 이 교육법이 위세를 떨칩니다. 이 교육법으로는, 정열은 길게 가지 않고 아무것도 모르는 이가 제멋대로 굴게 됩니다.

'아이의 인생'을 위해 아이를 키운다

두 가지 교육법을 비교해 보면, 전자는 환경을 찬미하고 후자는 개인을 찬미합니다. 또한 전자는 전통의 절대주의라고 한다면, 후자는 신참자의 전제 상태라고 할 수 있겠지요. 나는 두 가지 모두 불행한 결과를 가져오는 교육법이라고 생각합니다.

하지만 가장 불행한 것은, 이 두 가지가 조합하여 양처럼 순종적인 정신과 반역·지배의 정신 사이에서 끊임없이 흔들리고 있는, 반은 로봇이고 반은 폭군인 인간을 만들어냈을 때겠지요.

아이를 아이 자신을 위해서 키우는 것도 좋지 않지만, 부모를 위해서 키우는 것도 좋지 않습니다. 인간은 소설 속 등장인물이나 하나의 모범이 되도록 운명 지어진 게 아니니까요.

아이는 그 아이 인생을 위해 키워야 합니다. 교육의 목적은, 아이가 인류의 활발한 일원이 되어 강인한 형제애를 가지고 지역에서 자유를 섬기는 사람이 되는 것을 돕는 데 있습니다. 그와 다른 원리로 교육하는 것은, 그 아이의 인생을 복잡하게 만들고, 인생을 망가뜨려 모든 무질서의 씨를 뿌리는 것과 같습니다.

아이의 운명을 한마디로 응축한다면 '미래'라는 단어가 제일 먼저 떠오릅니다. 아이는 미래입니다. 이 말은 지금까지의 고생도 현재의 노력도 미래의 희망도 전부 표현하고 있습니다.

그러나 교육을 시작할 때 아이는 '미래'라는 단어가 의미하는 곳을 잴 수 없습니다. 그 시기의 아이에게는 현재의 인상이 전부니까요. 그렇다면 대체 누가 아이에게 설명하고, 다음 가야 할 길까지 데려다줄 수 있을까요? 그것은 부모와 교육자들의 역할입니다. 하지만 조금만 생각해 보면, 교육이라는 게 부모와 교사, 아이들만 관계하는 게 아니란 사실을 깨닫게 됩니다. 개인을 넘어서 사회적 권력이나 공적 이해와도 관계되어 있지요.

아이는 언제나 미래의 시민으로 인식되어야 합니다. 이리 생각하면 두 가지 불안이 생겨납니다. 하나는 아이 속에서 움트는 개인적 능력에 대한 불안, 또 하나는 그 힘의 사회적 사명입니다.

아이를 교육할 때는 항상, 자기들이 돌보는 이 작은 존재가 자기 자신을 잃지 않으며 이웃을 사랑하는 사람이 되어야 한단 사실을 잊어서는 안 됩니다. 이 두 가지 조건은 서로를 배제하는 게 아니라 오히려 떨어뜨리기 어려울 만큼 묶여 있습니다.

자기가 스스로의 주인이 아니라면, 인간은 이웃을 사랑하거나 헌신적일 수 없습니다. 또한 반대로, 누구든 생활에서 표면적으로 일어나는 온갖 일을 통해 자기라는 존재의 깊은 근원까지 가보지 않는 한, 스스로가 주인이 되어 남과 자신을 구별하고 자기를 파악할 수 없습니다. 인간은 존재의 깊은 근원에서 무언가 친밀함에 의해 남과 연결되어 있음을 느낍니다.

아이가 자기 자신을 스스로 형성하면서도 이웃을 사랑하는 사람이 되도록 돕기 위해서는, 무질서한 힘의 해로운 작용으로부터 지켜주어야 합니다.

무질서한 힘에는 외적인 것도 있지만 내면에 존재하는 것도 있습니다.

외부에서는, 물리적인 위험뿐 아니라 타인의 의지로 인한 격한 간섭에 위협받고 있습니다. 또한 내면에서는, 과도한 자의식과 그 자의식에서 생겨나는 모든 망상에 노출됩니다.

교육자의 권리 남용에 영향을 받으면 외부의 위험은 아주 커집니다. 교육에는 가장 강한 권력이 아주 쉽게 들어오기 때문입니다. 교육을 위해서는 이 권리를 포기해야 합니다. 즉 본인을 타인의 적, 때로는 자기 아이의 적으로 변질시키는, 상대를 밑으로 내려다보는 인식을 버려야 합니다. 우리의 권한은, 우리 자신보다 훌륭한 타인에게 영향을 받음으로써 비로소 선해지니까요. 이 경우, 우리 권한은 유익할 뿐 아니라 필요불가결한 것이 되어 인간을 위협하는 가장 큰 내적 위험, 즉 자의식 과잉에 대한 가장 효과적인 방어 수단이 됩니다.

인생 초기에는 개인적인 인상이 너무나도 강렬하므로, 밸런스를 유지하기 위해서는 차분한 의지의 온화한 영향력 아래 두어야 합니다. 교육자가 하는 본래 일의 의미는, 가능한 공정하고 지속적인 방법으로 아이에게 이 의지를 표현하는 것입니다. 그렇게 하면 교육자들은, 이 세상에서 존경받아 마땅한 모든 것을 대표하게 됩니다.

아이는 교육자에게 '내 앞으로 나아가, 나를 넘어서, 나를 감싸줄 무언가'란 인상을 받겠지요. 그렇다고 교육자가 아이를 억압하는 거라고 생각하면 안 됩니다. 오히려 교육자의 의지와 아이에게 주는 영향이 아이에게는 에너지가 되어 실제적 공손함을 기를 수 있고, 거기에서 자유로운 성격이 생겨납니다.

부모나 교사, 학교라는 순수하게 개인적인 권위는 아이들에게 빽빽한 가시나무 같은 것입니다. 어린 식물인 아이는 그 가시나무 아래에서 시들고, 결국에는 말라버립니다. 반대로, 개인적인 권위, 존경해야 할 현실을 자기가 먼저 따르고, 그 현실에 아이의 개인적인 공상空想도 따를 수 있게 하는 인간의 권위는 순순하게 빛을 내뿜는 대기와 비슷합니다. 그런 권위는 아이에게 주는 영향도 크지만, 동시에 개개인 특유의 삶을 길러 확고한 것으로 만듭니다. 이러한 권위가 없다면 교육은 아무 소용이 없습니다.

감독하고, 지도하고, 반론하는 것. 그것이 교육자의 일입니다. 교육자는 아이에게 자신의 공상을 저지하는 울타리 같은 존재가 되어서는 안 됩니다. 그 높이에 맞게 뛰는 법만 알면 넘을 수 있는 울타리라고 인식되어서는 안 됩니다. 오히려 투명한 벽처럼 존재해야 합니다. 그곳을 통해 움직일 수 없는 현실이나 규범, 이정표, 진리가 보이지만, 동시에 무엇을 해도 대항할 수 없는 벽이어야 합니다.

이렇게 하여 아이의 내면에 존경의 마음이 생겨납니다. 자기보다 위대함을 인정하고, 자기를 성장시키고 겸허해짐으로써 자기를 해방시켜 주는 것에 대한 존경의 마음이 생겨나는 것입니다. 이것이 바로 간소함을 위한 교육 규범입니다. 그것은 다음과 같은 말로 정리할 수 있습니다.

'교육이란 자유로우면서 존경의 마음을 품고, 자기 자신을 지키면서 이웃에의 사랑도 지닌 인간을 만드는 것.'

존경의 마음을 행동으로 가르치다

그렇다면 이 원칙을 몇 개의 실제 예에 맞추어 봅시다.

'아이는 미래'라는, 바로 이 말로 인해 아이는 선조를 공경하는 마음으로 과거와 연결됩니다. 뚜렷한 인상을 줄 듯한 가장 실천적인 형태로 우리는 아이에게 전통을 입혀야 합니다. 그래서 더욱 옛날 사람들, 추억, 나아가 가정의 역사를 위해 특별한 장소가 필요한 것입니다.

어떤 일에든 조부모를 존중하는 것은 아이를 향한 부모의 의무입니다. 부모가 자신들의 부모, 즉 아이의 늙은 조부모를 존중하는 태도를 보이는 것만큼 아이의 겸허한 기분을 키우는 데 효과적인 방법은 없습니다. 거기에는 누구도 저항 못할 교훈이 있습니다. 이 교훈이 온전한 힘을 발휘하기 위해서는, 집안 어른 전원의 암묵적 동의가 있어야 합니다. 아이의 눈에, 어른들은 연대하여 서로를 존중하고 이해하는 듯 보여야 합니다. 그렇지 않으면 교육적 권위는 실추되고 맙니다.

아이가 윗사람에게 실례되거나 건방진 말을 했을 때, 그 아이는 벗어나서는 안 되는 길을 벗어난 게 됩니다. 아이에게 주의 주는 일을 조금이라도 게을리하면, 부모는 결국 자기들에 대한 아이의 행동으로 아이의 마음속에 적이 들어왔음을 느끼게 되겠지요.

아이란 원래 존경심 따위 모른다고 생각하여 아이에게 받은 수많은 무례를 예로 드는 사람이 있다면, 그는 잘못 생각한 겁니다. 실제로 아이에게는 존경심이 필요합니다. 도덕적인 인간은 존경의 마음으로 키워진다고 해도 과언이 아닙니다.

아이는 누군가를 존경하고 싶다, 무언가를 칭송하고 싶다는 기분을 막연하게 품고 있습니다. 하지만 이러한 동경은 제대로 끌어내 주지 않으면 부패하여 결국에는 없어집니다. 우리 어른이 서로 단결이나 경의敬意를 게을리하면, 아이는 나날이 우리의 신조에 대해, 또한 존경해야 할 모든 것을 신용하지 않게 됩니다. 우리가 아이 내면에 나쁜 정신을 심으면, 그 결과는 우리 자신에게로 되돌아옵니다.

대부분의 인간 마음속에서 존경의 마음이 점차 사라지고 있는 듯 보입니다. 대부분의 아이 마음속에 상호 멸시라는 나쁜 정신이 자라고 있습니다. 이쪽에서는 작업복을 입고 손에 굳은살투성이의 사람을 업신여기는가 하면, 저쪽에서는 반대로 작업복을 입지 않은 사람이 업신여김을 당하고 있습니다. 이러한 정신 밑에서 자란 아이는 결국 한심한 시민이 되겠지요. 이곳에는 선의를 가진 사람들이 거북함 없이 협력할 수 있는 간소함이 완전히 빠져 있습니다.

어울리지 않는 사치를 권하지 않는다

마음의 간소함이 교육의 본질적 조건에 있다면, 간소한 생활은 아이에게 가장 좋은 학교라고 할 수 있습니다.

당신이 아무리 돈이 많아도, 당신의 아이가 '나는 다른 애들보다 위'라고 믿을 만한 짓은 전부 피해야 합니다. 가령 아이에게 고급 옷을 입힐 수 있다고 해도, 그로 인해 허영심에 부채질하게 되면 결국은 아이에게 상처 주는 꼴이 됩니다. 비싼 옷만 입으면 남들보다 우위에 설 수 있다고 믿어버리는 불행에 빠지지 않도록 주의합시다. 간소한 옷을 입혀야 합니다.

반대로, 아이 옷차림을 위해 부모가 절약해야만 하는 상황이라면, 그 희생정신은 좀 더 선한 일을 위해 아껴 두기를 권합니다. 그 희생은 보상받지 못할 우려가 크기 때문입니다.

정말 필요한 일을 위해 저금해야 할 돈을 낭비하면, 당신은 장래에 아이가 부모의 은혜를 모른다고 한탄하게 되겠지요. 아들딸을 당신의 재력, 더 나아가 그들 재력 이상의 사치스러운 생활에 익숙해지도록 만드는 건 위험합니다.

이는 돈 관리가 전혀 되지 않음을 의미하기 때문입니다. 나아가 가정 내에까지 경멸의 정신을 퍼트리기 때문입니다. 아이들을 왕자님처럼 입힘으로써 아이가 '나는 부모보다 잘났어'라고 인식한다면, 결국에 아이가 부모를 업신여기게 되는 건 전혀 이상한 일이 아닙니다. 아이는 '나는 훨씬 좋은 생활을 누릴 권리가 있어'라고 생각하게 됩니다. 그러나 돈만 들 뿐, 거기에는 아무런 가치도 없습니다.

아이들이 자기 부모, 환경이나 풍습에서 보이는 노동을 경멸하는 결과를 낳는 교육법이 있습니다. 그런 교육은 큰 불행입니다. 그것은 자기의 혈통이나 출신, 친척, 즉 인간의 중요한 바탕이 되는 모든 것으로부터 떨어져 나간 '불만 군단'을 낳을 뿐입니다. 자기를 낳아준 듬직한 나무에서 떨어져 나와 바람 따라 헤매다가 낙엽처럼 땅 위를 굴러다니고, 결국에는 어딘가에 쌓여 발효되어 썩어가는 겁니다.

자연은 비약적으로 변하지 않고, 천천히 착실하게 변화의 길을 걷습니다. 아이들에게 인생을 준비시킬 때도 자연을 모방케 하는 건 어떨까요?

진보나 전진을 '공중제비'라고 불리는 격한 운동과 혼동하지 마십시오. 아이들이 노동이나 이상理想에 대한 열망, 간소한 정신을 업신여기지 않도록 키웁시다. 아이가 장래 부자가 되었다고 해도 본가가 가난한 것을 부끄럽게 여기는 나쁜 유혹에 빠지지 않도록 키웁시다.

농부의 아들이 밭을 싫어하고, 선원의 아들이 바다를 포기하고, 노동자의 딸이 자산가의 딸로 보이고 싶어서 성실한 부모와 함께 걷기보다 혼자 걷고 싶어 한다면, 그런 사회는 병들어 있는 겁니다. 반대로, 개개인이 부모와 거의 같은 일에 종사하여, 처음에는 부모보다 미미한 일에 만족하면서도 지치지 않고 그 일을 성실히 해내어, 언젠가는 부모보다 높은 목표로 나아갈 때, 그 사회는 건전하다고 할 수 있습니다.

간소한 교육이 자유로운 인간을 만든다

교육은 자유로운 인간을 육성해야 합니다. **아이를 자유로운 인간으로 키우고 싶다면 단순하게 키우십시오.** 그러면 아이의 행복을 빼앗는 게 되지 않을까, 생각하지 않아도 됩니다. 오히려 그 반대니까요.

사치스러운 장난감이나 파티, 세련된 즐거움을 안겨줄수록 아이는 즐길 줄 모르게 됩니다. 아이들을 즐겁게, 기분 좋게 만들기 위해서는 조금 모자란 느낌이 드는 생활이 효과적입니다.

특히 뭐든 쉬이 욕심 부리게 해서는 안 됩니다. 먹을거리, 의복, 주거 환경, 오락… 그게 무엇이든 가능한 한 자연스럽고 복잡하지 않은 것이어야 합니다. 아이들이 즐겁게 생활했으면 하는 바람이 큰 나머지 무분별하게 사람을 초대하거나 쇼를 보여주는 것으로 나이에 어울리지 않는 흥분을 느끼게 하고, 아이를 단지 먹보에 게으름뱅이로 만들어버리는 부모도 있습니다. 그건 자유로운 인간이 아니라 노예로 기르는 겁니다.

사치에 너무 익숙해지면 결국에는 그 사치에도 싫증이 나겠지요. 그러다 어떤 계기로 안락한 생활을 할 수 없게 되면 바로 그 아이는 불행해집니다. 당신도 아이도 함께 불행해집니다. 최악의 경우, 인생의 중요한 전환점에 섰을 때 완전히 겁먹은 당신과 아이는 인간의 존엄도, 진리도, 의무도 포기해 버리겠지요.

그러므로 아이들을 간소하고 엄격하게 키웁시다. 단단하게 단련하고, 때로는 조금 자유롭지 못하다고 느낄 정도로요. 맛있는 걸 먹이고 푹신한 침대에 재울 게 아니라, 딱딱한 바닥에서도 잘 수 있고 피곤함도 견딜 수 있는 인간으로 키웁시다. 그리하면 자립하여 남들이 우러러보는 견실한 인간, 작은 안락을 위해 자신을 팔지 않고 누구보다도 행복해지는 능력을 지닌 인간이 될 겁니다.

너무나 안이한 생활은 생명력에 일종의 권태감을 불러옵니다. 묘하게 냉정하고, 어떤 일에도 환멸을 느끼며, 무슨 일을 해도 즐기지 못하는 애늙은이와 같은 인간을 만들어냅니다. 오늘날 이런 아이나 젊은이가 얼마나 많은지요. 우리의 회의주의나 악덕, 우리와 함께함으로써 몸에 배어버린 나쁜 습관의 흔적이 꺼림칙한 곰팡이처럼 아이들에게 들러붙어 있습니다. 풀이 죽은 젊은이는 우리 자신에게 반성을 촉구합니다. 그림자와 같은 젊은이들은, 진정 살아 있는 이들과 대조적으로 우리에게 이렇게 말합니다.

"행복이란, 정념이나 거짓된 욕구, 병적인 흥분 따위에 얽매이지 않고, 활동적이고 기민하며, 햇살과 호흡하는 공기를 즐기는 힘을 몸 안에 지니고, 고결하고 단순한 아름다운 모든 것을 사랑하고 느끼는 힘을 마음속에 지닌 채 살아간다고 말할 수 있는 사람이 되는 것이다."

솔직한 용기를 키운다

부자연스러운 생활은 부자연스러운 생각과 애매한 발언을 만들어냅니다. 건전한 습관, 강인한 인상, 현실과의 일상적 접촉이 자연스러움과 솔직한 발언을 이끌어냅니다.

거짓말은 노예의 악덕이며, 겁쟁이나 심약한 자의 피난처입니다. 자유롭고 견실한 사람은 솔직합니다. **아이들이 주저하지 않고 얼마든지 자기 생각을 말할 수 있는 '행복한 용기'가 몸에 배도록 격려합시다.**

우리는 종종 '예절이 바르다'의 동의어인 획일성을 가져오기 위해 아이의 성격을 억눌러 평균화시키고 말았습니다. 자기 머리로 생각하고 자기 마음으로 느끼는, 진짜 자기를 표현하는 게 얼마나 무례하고 상스러운 일이냐고 말하려는 듯이…. 각자에게 존재 이유를 주는 유일한 것을 계속 짓누르다니, 이 얼마나 흉포한 교육인가요!

우리는 얼마나 많은 영혼을 죽여 왔던가요. 개머리판으로 두들겨 맞은 아이가 있는가 하면, 깃털 이불 사이에서 질식한 아이도 있습니다. 자립한 인간을 만들지 않도록 모두가 공모하고 있는 듯합니다.

어렸을 때는 그림이나 인형처럼 되라고 빌고, 크면 모두와 똑같이, 즉 로봇처럼 되지 않는 한 사랑해 주지 않습니다. 그러니 개성과 자발성이 모자라고, 시시함과 단조로움이 우리 생활의 트레이드마크가 되어버린 겁니다.

하지만 진리가 우리를 해방시켜 줄 겁니다. 항상 자기 자신을 지키며, 목소리를 높이거나 낮추는 일 없이 당당하게 자기가 생각한 대로 말할 수 있는 아이로 키웁시다. 성실함이 얼마나 중요한지를 가르치고, 아무리 중대한 잘못을 저질렀어도 스스로 고백하는 한 숨기지 않았다는 사실을 칭찬해 주어야 하지 않겠습니까.

교육자의 마음가짐으로 솔직함에 소박함을 보태십시오. 조금 거칠더라도 따뜻하고 배려심 있는 아이에게 경의를 표합시다. 아이를 겁에 질리게 해서는 안 됩니다. 일단 한 장소에서 도망치면 되돌아오는 일은 거의 없습니다.

소박함은 진실의 형제일 뿐 아니라 개개인의 자질을 지켜주는 신이며, 교육하거나 계몽하는 힘이기도 합니다. 우리 주변에는 자칭 실증주의자들이 너무도 많습니다. 무서운 안경과 커다란 가위로 무장하고, 소박한 것을 발견하면 그 날개를 자르려고 하지요. 그런 무리는 생활·사상·교육에서 소박함을 쓸어내고, 꿈의 영역에서도 소박함을 쫓아내려고 합니다. 아이들을 어른으로 만든다는 구실 아래, 아이가 아이인 채로 있는 것을 방해하려고 합니다. 마치 과실이 가을에 익을 때까지는 꽃이나 향기, 노래, 꿈과 같은 봄의 계절이 필요했단 사실을 완전히 잊어버린 것처럼요.

아이의 솜털 주위를 맴돌고 있는 천진난만한 상냥함 때문만이 아니라, 전통과 소박한 노래, 불가사의한 나라와 신비한 나라 이야기를 위해서도 소박하고 간소한 모든 것을 그냥 놔두었으면 합니다.

경이로움이란, 무한無限에 대한 아이의 최초 감성 형태입니다. 그 감성이 없으면, 인간은 날개가 뜯겨 나간 새와 같습니다. 저속함에 빠지지 않고 더 높은 곳으로 나아가고, 혹은 과거 시대에 마음을 빼앗긴 경건한 상징을 평가하는 힘을 계속 지니기 위해서는, 아이로부터 경이로움을 빼앗지 않도록 합시다. 그런 상징 안에서, 우리의 무미건조한 이유로는 대체할 수 없는 풍부한 표현으로, 인간의 진실이 드러나는 것이니까요.

결론

간소한 삶의 정신과 그 구체적 형태를 그리는 것으로, 힘과 아름다움이 갖추어진 잊힌 세계가 있다는 것을 충분히 아셨으리라 믿습니다.

우리 생활을 어지럽히는 무용한 것을 놓아주기에 충분한 에너지를 갖고 있는 사람은, 그 세계를 정복할 수 있겠지요. 그는 표면적인 만족감이나 유치한 야심을 포기하는 것으로 행복해지는 힘과 정의를 행하는 힘이 더욱 강해진단 걸 깨달을 겁니다.

이 결론은, 공적 생활뿐 아니라 사생활에도 영향을 끼칩니다.

유명해지고 싶다고 욕망하는 열병과 싸우고, 욕구를 만족시키기 위한 활동을 멈추고, 소박한 취미와 참된 생활로 돌아감으로써 가정을 한층 견고한 존재로 만들겠지요. 그러면 집 안에 새로운 정신이 움트고, 아이 교육에 좋은 환경과 새로운 습관이 만들어집니다. 아들딸들은 점점 보다 높이, 그것도 현실적인 이상의 장소로 이끌리고 있다고 느끼겠지요.

이러한 가정 내의 변화는 결국 사회성에도 영향을 미칩니다. 벽의 단단함은 돌과 돌을 이어주는 콘크리트의 밀도에 좌우되듯, 사회생활의 에너지는 시민 개개인의 가치와 그 단결력에 달려 있습니다.

현대인이 머리를 싸매고 있는 큰 문제에, 사회적 요소로서 개인의 교양 문제가 있습니다. 오늘날 사회 조직에서는 모두가 이 요소를 되돌아보아야 합니다. 이 요소를 소홀히 함으로써 진보라는 은혜를 잃을 뿐 아니라 가장 끈질긴 노력을 우리의 적으로 만들 위험이 있으니까요.

어느 노동자가 끊임없이 개량되는 기계를 사용함으로써 자신의 가치가 떨어진다고 느낀다면, 그 기계는 어떤 도움이 되는 걸까요? 분별도 자각도 없이 그 기계를 조작하는 노동자의 실수가 더욱 악화되는 것뿐 아닐까요?

현대라는 커다란 기계 장치는 아주 섬세합니다. 악의와 무능함과 부패는, 예전 사회에서 보였던 다소 원시적이었던 조직과는 달리 무시무시한 혼란을 불러일으킬지 모릅니다. 그러므로 어떤 형태든 이런 기계를 가동시키는 데 공헌해야 할 개인의 자질에 주의해야 합니다.

철저하면서 동시에 사람과의 관계도 좋고, 자기 자신을 잃지 않으면서 이웃도 사랑하는 삶을 중심으로 하는 '규범'을 항상 마음속에 품고 있는 개인이었으면 좋겠습니다. 우리 내면에 있는 것도 외부에 있는 것도, 모두가 이 규범의 영향 아래 단순하게 통합됩니다. 이 규범은 모든 사람에게 공통되며, 개개인의 자기 활동은 이 규범을 중심으로 삼아야 합니다. 우리의 본질적인 이익은, 서로 반하는 게 아니라 같은 것이기 때문입니다. 간소의 정신을 키우면 사회생활에는 더욱 견고한 단결을 가져오겠지요.

사회생활이 제각각이 되어 붕괴 위험에 처한 원인은 하나입니다. 연대감과 단결심의 결여입니다. 계급·당파·지역 별 하찮은 이익 대립이나 개인적인 충족감에 대한 격렬한 추구는 사회 복지에 반하는 것이며, 결과적으로는 개인의 행복도 파괴합니다.

개개인이 개인의 충족감에만 신경이 쏠리면 사회는 무질서해집니다. 결코 타협하려고 하지 않는 에고이즘과의 대립에서 끌어낸 교훈은 이게 다입니다.

명예가 아니라 이익만을 얻기 위해 가정을 담보 삼는 사람들이 있습니다. 우리는 그들과 너무도 닮았습니다. 어떤 사회계급이든 권리만을 요구합니다. 누구든 자기를 채권자라고 생각하고, 채무자라고 인정하는 사람은 아무도 없습니다.

이웃과의 관계도, 상냥한 말투로 혹은 무례한 말투로 다가와서 그 부채를 갚으라고 닦달하는 사람들뿐입니다. 이런 정신을 가지고서는 무엇 하나 '선'에 도달하지 못합니다. 그것은 특권 정신이며, 공공 규범의 영원한 적이며, 서로를 이해하는 데 끊임없는 장해가 되기 때문입니다.

에르네스트 르낭Ernest Renan(1823~1892) 씨는, 1882년의 한 강연에서 "국가는 정신적 가족이다!"라고 말하고, "국가의 본질은, 모든 개인이 많은 것을 공유하고 전원이 많은 것을 잊는 것에 있다."라고 덧붙였습니다.

과거뿐 아니라 매일의 생활에서도 무엇을 잊어야 하고 무엇을 기억해야 하는지 아는 것이 중요합니다. 우리를 서로 나누는 것은 기억에 남아 있는데, 우리를 연결하는 것은 지워져 버렸습니다.

사람들은 추억의 가장 빛나는 시간을 자기의 부수적 자질에 관해 기억합니다. 즉 자기는 경작자라든가, 공장 경영자라든가, 학자라든가, 공무원라든가, 프로레탈리아라든가, 부르주아라든가, 혹은 어딘가의 정치당원이라든가, 어느 종교 조직의 일원이라든가 하는 것들 말입니다.

그러나 본질적인 자질, 어느 나라에서 태어났다든가, 나아가 인간이라는 사실은 구석진 자리로 밀려납니다. 그런 건 겨우 이론적인 개념을 가지는 정도입니다. 따라서 우리 마음을 차지하고 우리의 활동을 강요하는 것은, 바로 본인을 타인으로부터 갈라놓는 것이며, 같은 국민의 영혼이라는 단결 정신이 있을 곳은 거의 없습니다.

그 결과, 우리는 좋아라 하며 이웃의 정신 속에 나쁜 기억을 심게 됩니다. 배타적이고 교만하고 이기적인 정신에 물든 인간은, 나날이 서로에게 상처를 입힙니다. 얼굴을 마주할 때마다 서로 라이벌이란 사실과 동반자가 아님을 의식합니다. 이렇게 그 기억 속에서 악의와 경계심, 회한의 감정이 점점 쌓여 갑니다. 이 모든 것이 전부 나쁜 정신이 가져온 결과입니다.

그런 정신을 우리 환경에서 내쫓아야 합니다.

"기억해! 잊어버려!"

매일 아침, 그리고 우리들의 인간관계나 일에서도 자기 자신에게 이 말을 들려줄 필요가 있습니다. 본질을 떠올리고 부수적인 것은 잊으세요. 아무리 하찮은 입장에 있든 아무리 높은 지위에 있든, 그 정신을 키운다면 누구나가 시민으로서의 의무를 잘하게 되겠지요.

사랑해야 할 활동의 씨를 뿌리세요. 본의 아니게 "기억해 둬,

절대 잊지 않을 거니까!"처럼 마음에 증오를 남기는 말을 입에 올리지 않는 한, 이웃의 마음속에 얼마나 좋은 추억이 만들어지겠습니까.

간소한 정신은 위대한 마술사입니다. 까슬한 마음을 부드럽게 하고, 크레바스crevasse나 심연 위에 다리를 놓고, 사람과 사람 사이에 손과 마음을 연결합니다. 그 정신은 무한의 형태로 표현됩니다. 형편이나 이해, 편견의 벽을 넘어 간소한 정신이 나타나 최악의 장해도 헤쳐나가고, 흩어져 있던 모든 사람이 서로 이해하고 사랑할 수 있게 된 것만큼 칭송해야 할 일도 없겠지요.

간소한 정신이야말로 사회의 진정한 결합제이며, 그 결합제에 의해 국민이 만들어지는 거니까요.

> 옮긴이의
> 말

처음 『간소한 생활』 문고판을 받아들었던 날로부터 20년이 훌쩍 지난 작년, 또다시 같은 책의 번역 의뢰를 받았다. 참으로 난감한 일이 아닐 수 없었다.

첫 의뢰는 일본 생활을 끝내고 돌아온 지 얼마 지나지 않았던 시점이었고, 원서가 프랑스어라는 건 딱히 문제 되지도 않았던 시절이었다. 근데 이게 쉽지 않았다. 1890년대에 쓰인 책을 1909년 태생의 역자가 번역한 원고를 읽고 있자니, 내용을 이해하는 것 자체가 힘들었다.

당시에는 어찌어찌 원고를 넘겼건만 의뢰했던 출판사의 편집장이 바뀌면서 나의 〈간소한 생활〉은 빛도 보지 못했다. 그렇게 내 기억 속에서 까맣게 잊힌 그 이름을 다시 들은 것이다.

일단 책을 찾아 펼쳤다. 처음으로 갑자기 20년도 전의 내가 대견스럽단 생각이 들 만큼 정말 어렵고 난해한 문장이었다. '간소한 생활'이라는 제목과 어울리지 않는 간소하지 않은 문장에 절망했다. 이걸 어찌해야 하는 고민하는 중에 일본인 지인이 방문을 했고, 책을 보여주자 고개를 설레설레 흔들었다. 아무래도 힘들겠다 싶던 차에 일본으로 돌아간 지인에게서 소포가 왔다. 2017년에 발행된 또 한 권의 『간소한 생활』이었다.

새로운 책은 예전 책에 비해 군데군데 생략한 부분이 보였다. 하지만 그 편이 확실히 읽기 편했다. 처음에는 두 책을 번갈아 가며 보았는데, 그러다 머리가 터질 뻔한 이후로는 2017년 책을 기본으로 하고, 보충할 부분은 예전 책을 따랐다. 물론 한국어로 읽기 쉽게, 혹은 이해도를 높이기 위해 자체적으로 생략한 표현이나 문장도 있음을 밝혀둔다.

이리 구구절절 사설을 늘어놓는 것은, 프랑스어 원서를 일본어 번역가인 내가 번역한 것에 대한 변명이며, 나의 욕심에 대한 변명이다. 사실 처음 의뢰를 받고 8개월이란 시간이 흐른 탓에 "힘들면 그만 둘래?"란 소리를 듣기도 했지만, 이번에는 내가 끝

내겠다고 덤볐다.

    130년도 전에 쓰인 책의 내용이 지금의 상황과도 딱 맞아떨어지는 게 신기하기도 하고, 재미도 있었다. 이집트 석판에도 '요즘 애들이란' 말이 쓰여 있다더니, 아무리 세월이 흘러도 우리가 추구해야 하는 정신은 변하지 않기 때문일 것이다.

    미니멀리즘이 대세인 시대다. 눈에 보이는 것만 정리하지 말고, 형체가 없는 것도 정리해 보는 건 어떨까 감히 의견을 내어 본다. 미니멀하게, 심플하게, 간소하게!

    샤를 와그너의 정신이 여러분의 마음에도 와닿기를 바라 본다.

박진희

박진희

대학에서 국문학을 전공하고, 출판사와 잡지사에서 근무했다. 게이오대학에서 일본어를, 도쿄외국어대학 대학원에서 일본문화를 공부하고 돌아와 현재는 일본어 전문 번역가로 활동 중이다. 옮긴 책으로는 『표현의 심리학』, 『엄마, 죽고 싶으면 죽어도 돼』, 『시몬 베유의 노동일지』, 『죽고 싶은 마음은 사라지지 않겠지만』, 『우리는 결국 부모를 떠나보낸다』 등이 있고, 지은 책으로는 에세이집 『나른한 오후의 마들렌』과 일본에서 출간한 『한류스타와 한국어』, 『홀로 떠나는 한국 여행과 회화』가 있다.

간소한 생활

1쇄 발행 2025년 7월 15일

지은이 샤를 와그너
옮긴이 박진희

펴낸이 김제구
펴낸곳 호메로스
편집디자인 DESIGN MARE

출판등록 제2002-000447호
전화 02-332-4037 **팩스** 02-332-4031
이메일 ries0730@naver.com

값은 뒤표지에 있습니다.
ISBN 979-11-90741-53-8 (03330)

호메로스는 리즈앤북의 브랜드입니다.

이 책에 대한 무단 전재 및 복제를 금합니다.
파본은 구입하신 서점에서 교환해 드립니다.